HEYNE
BÜCHER

Sven-Jörg Buslau
Corinna Hembd

# Grippe ade!

## Husten, Schnupfen, Heiserkeit vorbeugen und heilen

WILHELM HEYNE VERLAG
MÜNCHEN

48/43

*Umwelthinweis:*
Dieses Buch wurde auf
chlor- und säurefreiem Papier gedruckt.

Originalausgabe 10/99

http://www.heyne.de
Printed in Germany 1999
Konzeption und Realisation: Livingston Media, Hamburg
Redaktion: Ortrun Huber
Umschlagillustration: Pflanzenarchiv Lavendelfoto, Hamburg
Umschlaggestaltung: Atelier Bachmann & Seidel, Reischach
Satz: DTP/Walleitner
Druck und Bindung: Pressedruck, Augsburg

ISBN 3-453-16376-1

# Inhalt

# Vorwort

Durchschnittlich viermal im Jahr trifft es jeden: Die Nase läuft, der Hals tut weh, man hustet, friert, fühlt sich schlapp. Erkältungswellen schwappen jedes Jahr über Millionen von Menschen. Doch während mancher von einer Erkältung in die nächste fällt, läßt sich sein Kollege im Betrieb scheinbar von nichts umpusten. Der Grund: Das Immunsystem des Erkältungsopfers hat die Infektion nie richtig niedergerungen. Die Abwehrkräfte des Gesunden dagegen sind trainiert und zum Beispiel durch gute Ernährung und wenig persönlichen Streß bereit, es mit jedem Krankheitserreger spielend aufzunehmen.
Dieses Buch will Ihnen verraten, wie auch Sie zu einem solch guten Immunsystem kommen und Erkältungen vorbeugen bzw. heilen können. Auch die Naturheilkunde hat da einige gute Rezepte parat. Denn Erkältungen zählen nicht zu den neueren Zivilisationskrankheiten, sondern sind so alt wie die Menschheit.
Wer das Kribbeln in der Nase ernst nimmt und gegen Erkältungen vorgeht, erspart sich schwere Folgen. Denn eine Lungenentzündung resultiert meistens aus nicht oder nur schlecht auskurierten Erkältungskrankheiten. Wir wollen, daß Sie sich diese böse Erfahrung ersparen. Damit Sie künftig auch dann über die Erkältung triumphieren können, wenn mal wieder alle anderen von Husten und Schnupfen geplagt werden.

# I. Kleiner Test: Muß ich zum Arzt?

Je häufiger Sie bei den folgenden Fragen ein Kreuz unter »ja« setzen, desto schneller sollten Sie einen Therapeuten (Arzt oder Heilpraktiker) aufsuchen – aber schon ein »ja« ist ein Warnsignal: Eine Selbstbehandlung kann riskant werden und zu Verschleppung führen.

| **Fragen** | **ja** | **nein** |
|---|---|---|
| Sind Sie erwachsen und haben über 39 Grad Fieber? (bei Kindern 40 Grad) | | |
| Bekommen Sie das Fieber seit mehr als zwei Tagen nicht unter Kontrolle? | | |
| Sitzt der Husten seit mehr als einer Woche fest und löst sich nicht? | | |
| Ist der Nasenausfluß nicht mehr durchsichtig, sondern gelblich-grün? | | |
| Finden Sie im Hustenauswurf eitrige oder blutige Bestandteile? | | |

| **Fragen** | **ja** | **nein** |
|---|---|---|
| Bekommen Sie nur schwer oder kaum Luft? | | |
| Rasselt und pfeift Ihr Atem? | | |
| Haben Sie Schmerzen im Gesicht, unter den Wangen, auf Höhe der Stirnhöhle? | | |
| Ist Ihr Kind unter sieben Jahre alt und schwer erkältet? | | |
| Haben Sie im Bereich der Rippen, im Rücken oder auf der Brust Schmerzen beim Husten? | | |
| Husten Sie besonders schlimm zwischen 2 und 4 Uhr nachts? | | |
| Liegt Ihr letzter Anfall von Grippe oder Erkältung kaum 14 Tage zurück? | | |
| Hält Ihr Husten jetzt schon seit Wochen an? | | |
| Geht es Ihnen trotz Medikamente (Penicillin, Antibiotika) nicht besser, sondern zusehends schlechter? | | |
| Entsteht beim nächtlichen Husten ungewöhnlich viel Schleim? | | |

| **Fragen** | **ja** | **nein** |
| --- | --- | --- |
| Ringen Sie nach dem Hustenanfall regelrecht um Atem? | | |

Noch einmal unmißverständlich: Wenn Sie auch nur zu einer dieser Fragen »ja« sagen, müssen Sie zu einem Therapeuten (ob Arzt oder Heilpraktiker bleibt Ihnen überlassen)! Denn hinter dem, was Sie bisher für eine einfache Erkältung hielten, kann eventuell eine sehr ernste Erkrankung stecken.

# II. Symptome, Ausmaß und Auswirkungen von Infekten

Grippe, grippaler Infekt, Erkältung – alle drei Krankheiten werden durch Viren ausgelöst und können sich durch eine bakterielle Zweitinfektion (Lungenentzündung, Nasennebenhöhlen- und Stirnhöhlenvereiterung etc.) verschlechtern. Die Krankheiten sind eigentlich nur durch die Stärke der Symptome zu unterscheiden. Während eine Erkältung Husten, Schnupfen und Heiserkeit schlimmstenfalls mit erhöhter Körpertemperatur verbindet, ist der Krankheitsverlauf bei einer Grippe oder einem grippalen Infekt (Fieber über 38 Grad, Leib- und Gliederschmerzen, Durchfall, Erbrechen, Übelkeit, Schwäche und Lethargie) schwerwiegender. Für Asthmatiker und Diabetiker ist eine Grippe nicht ganz ungefährlich. Für diese Gruppe und für ältere Menschen (ab ca. 65 Jahre) ist es sinnvoll, sich einmal jährlich impfen zu lassen. Der Impfstoff enthält die in der jeweiligen Saison typischen Krankheitserreger, muß deshalb jedes Jahr wiederholt werden. Denn jedes Jahr kommen neue Viren dazu, entfallen ältere Modelle. Ein hundertprozentiger Schutz kann also durch die Impfung kaum gewährleistet werden. Sie dämpft die Symptome aber auf alle Fälle und ist deshalb für Menschen mit einem belasteten oder durch Alter schwächer werdenden Immunsystem empfehlenswert.

## 1. Halsentzündungen – meist eine Begleiterscheinung

Wenn Viren den Schutzwall der Schleimhäute in Mund und Nase überwunden haben, somit in den Körper eingedrungen sind, geht im Immunsystem der Alarm los. Mit vermehrter Schleimbildung (laufende Nase) und Abhusten wird versucht, die feindlichen Eindringlinge wieder loszuwerden. So ist der Beginn einer Erkältung meistens der Beweis für funktionierende Abwehrkräfte. Gelingt es den Krankheitskeimen aber weiterzukommen, ist der Hals oft als erstes mitbetroffen. Es kommt zur Reizung, schließlich zur Entzündung.

Oft sind Halsschmerzen aber auch eine Folgeerscheinung des Hustens, der die Atemwege reizt und den Hals von innen wund macht. Oder aber das Immunsystem ist derart außer Gefecht gesetzt, daß es in der Folge einer Infektion Bakterien gelingt, sich auf die Mandeln zu setzen. Dann vereitern diese. So eine Angina läßt sich aber mit bloßem Auge erkennen. Die Zunge wird mit einem Teelöffel-Stiel heruntergedrückt, und dann überprüft man, ob auf den Mandeln dicke weiße oder gelbliche Beläge zu erkennen sind. Ist das der Fall, muß unbedingt ein Arzt aufgesucht werden, denn dann müssen Antibiotika eingesetzt werden. Gegen weniger dramatische Halsschmerzen läßt sich wenig tun, außer aufs Reden möglichst zu verzichten, Schonkost zu essen und eventuell Halsschmerztabletten einzunehmen.

## 2. Wenn Husten und Schnupfen andere Ursachen haben

Im Normalfall werden Husten und Schnupfen durch eine Virusinfektion ausgelöst. Doch es gibt auch andere Gründe dafür, daß man einen langwierigen Husten oder Schnupfen entwickelt. Ganz oben auf der Liste der möglichen Ursachen stehen Allergien. Einerseits kann es sich um Heuschnupfen oder eine Tierhaarallergie handeln, dann läuft die Nase ebenfalls ständig, und zusätzlich jucken eventuell die Augen, oder die Betroffenen niesen sehr oft. Oder aber das Allergen liegt ganz woanders und löst die Symptome einer chronischen Bronchitis aus. Häufig spielt hierbei Hausstaub eine Rolle, der sich in keinem Haushalt verhindern läßt. Mit waschbarem Bettzeug und speziellen Staubsaugern (mit mehreren Filtersystemen) läßt sich das Problem eindämmen.

Ob es sich um allergische Symptome handelt, kann nur ein Arzt herausfinden, der einen Allergietest anordnet. Die in diesem Buch genannten Naturheilmittel helfen bei Allergikern wenig bis gar nicht.

Anfangs für Laien kaum von einer Bronchitis zu unterscheiden, ist das Asthma. Die Betroffene leiden nämlich ebenfalls unter nächtlichen Hustenanfällen, bei denen auch Auswurf erfolgen kann, sie haben Atemprobleme, und es geht ihnen in aufrechter Position besser. Den Unterschied zwischen beidem kann nur ein Arzt feststellen, der – wie bei anderen Allergien auch – nach dem Auslöser sucht. Manche der von uns genannten Kräutertees sollen auch bei Asthmatikern von Nutzen sein. Das kann man zumindest einmal ausprobieren.

Bei Kindern gibt es noch eine weitere Form des Hustens: Keuchhusten ist eine ernsthafte Kinderkrankheit und sollte in jedem Fall mit dem Arzt besprochen werden. Die Krankheit beginnt wie eine normale Erkältung oder Grippe. Doch nach den ersten Tagen wird der Husten immer schlimmer und quälender. Viele Kinder müssen im Zuge der Anfälle erbrechen. Eine Behandlung sollte hier nicht auf eigene Faust erfolgen.

## 3. Fieber – eine »Grad«-Wanderung

Bis 37,5 Grad ist alles in Ordnung, zwischen 37,5 und 38 Grad spricht man von erhöhter Temperatur und bis 39,9 Grad von Fieber. Ab 40 Grad handelt es sich um hohes Fieber, und ab 42 Grad wird es lebensgefährlich, da Organe ernsthafte Schäden erleiden können. Ab 39 Grad wird sich aber ein Erwachsener (ab 40 Grad ein Kind) schon so schlecht fühlen, daß er freiwillig einen Therapeuten (Arzt oder Heilpraktiker) aufsucht. Was auch vernünftig ist, denn es muß herausgefunden werden, gegen welche Infektion sich der Körper gerade wehrt. Handelt es sich nämlich nicht um einen Virus, sondern um eine bakterielle Infektion, kann mit Antibiotika wirksam geholfen werden.

## 4. Endstation: Lungenentzündung

Ärzte machen in den letzten Jahren eine besorgniserregende Beobachtung: Lungenentzündungen sind als Krankheit wieder auf dem

Vormarsch. Meistens wurde von den Betroffenen eine Grippe oder auch nur eine Erkältung nicht genügend auskuriert, und plötzlich kehrt die Infektion zurück, schlimmer denn je. Wenn Bakterien die Lunge angreifen, sind Antibiotika das beste Mittel, Schlimmeres zu verhindern. Denn eine Entzündung der Lunge kann schon wegen der Nähe der Organe leicht auf das Rippenfell oder sogar das Herz übergreifen – und dann wird es lebensgefährlich.

# III. Die Kapitulation des Immunsystems

Die gefährlichsten Jahreszeiten für Erkältungen sind Frühling und Herbst, weil die Menschen sich nur unzureichend auf die ständigen Wetteränderungen einstellen können. Die Folge: Massen von Viren sind unterwegs, die sich epidemieartig ausbreiten. Menschen mit einem sehr gut funktionierenden Immunsystem erwischt so eine kleine Seuche nicht. Alle anderen sind in Gefahr. So widmen wir der körpereigenen Abwehr dieses Kapitel, denn sie spielt bei Husten und Schnupfen eine große Rolle.

## 1. Wie Abwehrkräfte funktionieren

Die Natur geht aufs Ganze, wenn es um den Schutz des menschlichen Körpers vor Krankheitserreger geht. Damit nichts schiefgeht, hat der Körper eine Doppelstrategie entwickelt und zwei unterschiedliche Verteidigungslinien vorgesehen, die weitgehend unabhängig voneinander arbeiten können.

Die erste Verteidigungslinie entwickelt sich gleichzeitig mit dem Menschen, und zwar noch im Mutterleib. Bereits ein Neugeborenes wird durch die Abwehrmaßnahmen dieses ersten, angeborenen Schutzmechanismus wirksam behütet. Deshalb heißt dieses Abwehrsystem auch »angeborene Immunität«.

Die zweite, weitaus kompliziertere Verteidigungslinie, die auch gegen spezielle und besonders aggressive Angreifer einen sicheren Schutz bieten kann, entwickelt sich erst nach der Geburt des Menschen – es dauert sogar ein bis zwei Jahre, bis er alle Raffinessen dieser zweiten Verteidigungslinie erwirbt und sie zu seinem Nutzen einsetzen kann. Daher wird dieses Abwehrsystem auch als »erworbene Immunität« bezeichnet.

Damit das erworbene Immunsystem funktioniert, muß ein Kind in den ersten Lebensjahren verschiedene Virusinfektionen durchmachen, um den Schutzmechanismus zu trainieren. Durch die Konfrontation mit den Krankheitserregern reift das kindliche Immunsystem allmählich heran und baut seine Widerstandskräfte aus. Mütter, die sich und das Kinderzimmer regelrecht desinfizieren, bevor sie ihr Baby auf den Arm nehmen, schaden ihm mehr als sie ihm nützen. Übertriebene Sorge vor harmlosen Infektionen – etwa vor dem kleinsten Schnupfen oder einer harmlosen Erkältung – ist einfach unvernünftig. Allerdings sollten insbesondere kleine Kinder per Impfung vor ernsthaften Infektionskrankheiten geschützt werden, die zu schweren Komplikationen führen können – zum Beispiel Tuberkulose, Diphtherie oder Masern.

Bei Menschen, deren Immunsystem ordnungsgemäß funktioniert, greifen diese beiden Verteidigungsstrategien wirksam ineinander und können, wenn sie voll zur Wirkung kommen, jeden Krankheitserreger in Schach halten und den Menschen zuverlässig vor Erkrankungen schützen.

Im Mittelalter waren Städte mit dicken, hohen Mauern umgeben, die die Einwohner vor dem Feind schützen sollten. An den Toren, durch die man die Stadt betreten konnte, waren bewaffnete Wachposten stationiert, die unerwünschten Besuchern den Eintritt verwehrten. Ähnlich schützt sich auch der Körper vor unerwünschten und gefährlichen Eindringlingen. Er ist von einer schützenden Hülle – der Haut und den Schleimhäuten – umgeben; an allen Eintrittspforten in das Innere des Körpers sind »Wachposten« aufgestellt.

## 2. Erste Hürde für Eindringlinge: die Haut

Eine gesunde, intakte Haut ist ein hochwirksamer erster Schutz vor Eindringlingen jeglicher Art. Für Krankheitserreger ist es praktisch unmöglich, durch unverletzte Haut in den Körper zu gelangen. Außerdem sorgt eine gesunde Haut dafür, daß sich krankmachende (pathogene) Keime gar nicht erst an ihrer Oberfläche niederlassen und den Organismus belagern können. Talgdrüsen halten die Haut nicht bloß geschmeidig, sie produzieren auch Substanzen, die für viele Krankheitserreger hochgiftig sind. Außerdem leben an der Oberfläche einer gesunden Haut zahlreiche Mikroorganismen (sogenannte Kommensalen), die für den Menschen in aller Regel nicht gefährlich sind, sondern vielmehr sogar dem Organismus helfen, unerwünschte Mikroorganismen zu verjagen.
Durch falsch verstandene Körperhygiene und übertriebenes Waschen kann man sich einen Bärendienst erweisen: Wer zu häufig seine Haut mit scharfen, stark entfettenden Seifen oder Waschlotionen wäscht, befreit sie letztendlich nicht nur von Schmutz, sondern beraubt sie auch ihrer Schutzschicht. Regelmäßiges Waschen ist wichtig und notwendig – doch eine Dusche morgens und eine Waschung abends reichen vollkommen aus. Täglich ein ausgiebiges

heißes Vollbad, eventuell mit Zusätzen, die die Haut strapazieren, ist ausgesprochen ungesund und nicht empfehlenswert. Die Haut wird dann trocken, spröde und rissig – winzige Wunden bieten dann für Krankheitskeime jeglicher Art bequeme Eintrittspforten!

## 3. Wie Viren und Bakterien abgeschmettert werden

Damit unser Körper trotz der perfekten Abschirmung Kontakt mit der äußeren Welt aufnehmen kann, befinden sich in der Haut zahlreiche Öffnungen. Augen, Nase, Mund, Ohren, die Genitalien – all diese Öffnungen führen direkt ins Innere des Körpers. Könnten hier nicht Krankheitserreger ungehindert in den Körper eindringen?
Selbstverständlich versuchen sie das. Doch wenn das angeborene Abwehrsystem reibungslos funktioniert, kommen die meisten Keime nicht sehr weit. Denn hier werden erstmals auch chemische Abwehrmaßnahmen wirksam.
Alle Öffnungen des Körpers sind am Übergang zum Körperinneren mit Schleimhäuten ausgekleidet. Die Schleimhäute haben es in sich: Ihre Zellen produzieren eine zähe, glitschige Flüssigkeit – den Schleim, in dem die meisten Erreger und Schadstoffe kleben bleiben. Hier, auf der schlüpfrigen Oberfläche der Schleimhaut, setzt die Natur neben den mechanischen noch stärkere, chemische Waffen ein: Enzyme, die in der Lage sind, Mikroorganismen zu zerstören.
Sie lösen Bakterien oder Viren einfach auf und verdauen sie. Auch das Lysozym, mit dem die Schleimhäute an den Eintrittspforten in

das Innere des Körpers ausgestattet sind, gehört zu solch einer Gruppe von Enzymen.

## 4. Husten und Schnupfen – Sieg oder Niederlage für den Körper?

Rinnt die Nase, versucht der Körper durch Absonderung von Schleim, Bakterien und Viren wieder loszuwerden. Ebenso ist auch das Abhusten ein Versuch des Immunsystems, Krankheitserreger abzuwehren. Nur wenn das nicht gelingt, eine Erkältung also immer schlimmer wird, hat das Immunsystem verloren. Ein anderes Zeichen dafür, daß Ihr Immunsystem Hilfe braucht, ist die ständige Wiederholung von Infekten. Denn eigentlich entwickeln die Abwehrkräfte einen Immunkomplex, der denselben Erreger sofort abtötet. Leider haben Erkältungen aber nicht immer denselben Erreger als Auslöser. Die verschiedensten Viren und auch Bakterien können einen Schnupfen auslösen. Deshalb ist es gerade in der dunklen Jahreszeit wichtig, die eigene Abwehr zu unterstützen. Die Ernährung ist dabei von entscheidender Bedeutung, denn nur wenn das Immunsystem mit den richtigen Mengen an Vitaminen, Mineralstoffen und Spurenelementen ausgerüstet ist, hat es eine reelle Chance, Krankheitserreger zu bekämpfen. Was der Körper für eine gesunde Abwehr braucht, darüber gibt Ihnen die »Vitalstofftabelle« Auskunft (Heyne, Bd.-Nr. 48/36).

## 5. Die körpereigene Abwehr aufbauen

Das wichtigste Thema beim Training des Immunsystems haben wir schon genannt: die Ernährung. Es gibt aber auch noch andere Möglichkeiten, die eigene Abwehr auf Trab zu bringen. Eigentlich unverzichtbar ist Sport. Ein Körper, der viel Bewegung bekommt, ist gegen die Angriffe von Krankheitserregern gewappnet.

Am besten geeignet sind alle Sportarten, die die Gelenke nicht zu sehr belasten, wie z. B. Walking (besser als Jogging!), Radfahren, Schwimmen oder auch zweimal am Tag eine halbe bis dreiviertel Stunde spazierengehen. Alle diese Tätigkeiten regen Durchblutung und Stoffwechsel an – und sind Jungbrunnen für das Immunsystem.

Wer seit Jahren Sofa und Auto jeder körperlichen Bewegung vorgezogen hat, sollte es allerdings langsam angehen und sich nicht überfordern. Weniger ist hier anfangs mehr. Denn harter Sport, der einen immer wieder an die Grenzen der eigenen Belastbarkeit treibt, ist eher schädlich als gesund. Leistungssportler haben deshalb oft Probleme mit ihrem Immunsystem und werden schnell krank.

Sinnvoll sind auch Saunagänge (nicht bei fiebriger Erkältung, das ist gefährlich für den Kreislauf!) und das Umschalten von Warm- auf Kaltwasser am Ende eines Duschvorgangs. Wer vor der morgendlichen kalten Dusche nicht zurückschreckt, erreicht eine gewisse Temperaturtoleranz seines Körpers (das schafft auch die Sauna), die wiederum Erkältungen unwahrscheinlicher macht. Mehr darüber in Kapitel X. »Was Pfarrer Kneipp gegen Erkältungen empfahl«.

# IV. Von Halswickel und Hühnerbrühe: 13 wichtige Erkältungsregeln

Schon als Kind haben viele von uns eine Menge Sprüche über die Erkältung zu hören bekommen. Manche sind schierer Unsinn, andere inzwischen auch von der medizinischen Forschung bestätigte Wahrheiten. Checken Sie mal, was Sie über Husten und Schnupfen tatsächlich wissen:

### 1. Eine Erkältung dauert mit Arzt sieben Tage, ohne eine Woche

Eine Volksweisheit, an der gar nicht gerüttelt werden kann: Ärzte können gegen Erkältungen erst dann etwas unternehmen, wenn beispielsweise aus dem Husten eine handfeste und dann auch noch bakterielle Bronchitis geworden ist. Dann nämlich, und nur dann, lohnt sich der Einsatz von Antibiotika. Gegen eine Viruserkrankung ist außer unserem eigenen Immunsystem nach wie vor kein Kraut gewachsen und vor allem kein chemisches Mittel gefunden.

### 2. Nicht mit der Kleidung, mit den Füßen hat Schnupfen etwas zu tun

Das alte Gerücht, man habe sich durch zu leichte Kleidung verkühlt, hält sich immer noch. Doch längst ist klar, Husten und Schnupfen sind meistens Virusinfektionen, die man sich eingefangen und nicht übers Frieren erworben hat. Allerdings besteht ein Zusammenhang zwischen der Haut an den Füßen und der Nase. Das heißt: Durch kalte Füße kann man tatsächlich die Nase zum Laufen bringen.

Bei der Übertragung von Erkältungskrankheiten handelt es sich aber meistens um Tröpfcheninfektionen. Das heißt, ein Fahrgast im Bus, der niest, oder der schniefende Nebenmann geben die Infektion weiter. Noch häufiger werden diese Krankheiten durchs Händeschütteln übertragen.

Die Tatsache, daß man im Winter öfter erkältet ist als im Sommer, hängt also weniger mit den niedrigeren Außentemperaturen zusammen, sondern vielmehr mit der Tatsache, daß unser Immunsystem durch wenig frische Luft, viel Dunkelheit und schlechte Ernährung geschwächt ist. Weil die Nährstoffversorgung nicht stimmt, arbeiten die Abwehrkräfte schlecht, und der Virus kann zuschlagen.

### 3. Viel trinken schwemmt Bakterien und Viren aus

Viel Trinken ist tatsächlich das A und O bei Erkältungen. Egal, ob in den Bronchien oder im Nasen-Rachen-Raum: Immer sind die Schleimhäute gereizt, wenn Husten oder Schnupfen auftreten. Sie künstlich abschwellen zu lassen (siehe Kapitel V. »Pillen, Tropfen und Dragées – was die Schulmedizin zu bieten hat«) ist nicht ungefährlich und drückt die Symptome oft nur für kurze Zeit weg. Danach sind die Schleimhäute meist nur noch schlimmer geschwollen. Die entzündeten Schleimhäute bilden ein Sekret (schleimiger Husten, laufende Nase), das ständig ausgeschieden werden muß. Und genau dabei hilft die über den Mund zugeführte Flüssigkeit.

Wer das Trinken noch gesünder gestalten möchte, sollte sich an Zitronen-, Flieder- bzw. Holunderbeerensaft halten, die viel Vitamin C liefern. Wem das zu süß ist, der kann sich mit Mineralwasser eine Saftschorle mixen. So werden dem Körper Vitamine und Mineralstoffe gleichzeitig zugeführt, die das Immunsystem mehr denn je braucht.

## 4. Fieber – besser nicht unterdrücken

Das Immunsystem wehrt sich gegen Krankheitskeime, indem es die Körpertemperatur so stark erhöht, daß die Keime abgetötet werden. So gesehen ist Fieber schlicht gesund. Der alte Spruch von der »ausgeschwitzten« Erkältung stimmt also. Diese Abwehrreaktion des Körpers kann man unterstützen: durch Lindenblüten- oder Liebstöckeltee, die schweißtreibend wirken, und indem man das warme Bett hütet.

Angefangen beim Aspirin, enthalten viele Grippe- und Erkältungsmittel fiebersenkende Inhaltsstoffe. Gerade wenn die Temperatur nicht sehr hoch steigt (gefährlich wird es für Erwachsene erst ab 39, bei Kindern über 40 Grad), sollte man keine derartigen Medikamente einnehmen.

Besser ist es, sich ins Bett zu legen und die Sache auszukurieren. Meistens bleibt eine so behandelte Erkältung dann auch die einzige in dieser Saison. Unterdrückte Symptome kehren hingegen wieder und verschlimmern sich dabei oft.

## 5. Lieber draußen laufen, als drinnen herumliegen

Solange man kein richtiges Fieber hat, also auch noch bei 37,5 Grad (erhöhte Temperatur), ist frische Luft das beste Heilmittel.

Gerade im Winter trocknet die Heizungsluft unsere Schleimhäute zusätzlich aus, das heißt, daß sich Husten und Schnupfen festsetzen. Die normal feuchte, eventuell auch kalte Luft draußen ist für die Schleimhäute viel gesünder. Also: Schön warm einpacken, denn natürlich soll man nicht frieren, und dann raus in die Natur! Langsam spazierengehen und dabei versuchen, ruhig durchzuatmen. Jeder Atemzug hilft dem Immunsystem, die Viren oder Bakterien zu bekämpfen. Die alte Hausregel, daß Erkältete zu Hause im Warmen bleiben sollen, ist falsch. Wer nach dem Spaziergang müde ist, kann sich im Bett warm einpacken und ein bißchen schlafen. Denn der Spruch aus Omas Tagen: »Schlaf Dich gesund!« stimmt nun wieder. Der Körper braucht Kraft, um sich gegen die Krankheitskeime zu wehren. Das Immunsystem nutzt deshalb die Ruhephasen des Menschen, um den Kampf gegen die Viren zu führen.

**6. Vitamin C hilft – je mehr, desto besser**

Vitamin C ist wohl eines der wichtigsten Vitalstoffe. Im Körper wirkt es als Universalgenie, z. B. als Radikalenfänger und damit zellschützend, vor allem aber im Immunsystem. So ist es am Aufbau von Antikörpern beteiligt, die Krankheitserreger wie Bakterien und Viren im Körper so kennzeichnen, daß sie von »Killerzellen« der körpereigenen Abwehr als fremd erkannt und vernichtet werden können. Auch in einer Art dieser Killerzellen, den Leukozyten, ist Vitamin C als Baustoff enthalten.

Fehlt dem Körper dieses Vitamin, sinkt auch die Zahl der Leukozyten, das Immunsystem ist geschwächt. Vitamin C kann der Mensch jedoch nicht selbst im Körper herstellen, sondern er ist dabei auf die Zufuhr von außen angewiesen. Den normalen Tagesbedarf, der auch der Vorbeugung dient, geben Mediziner mit 75 Milligramm an. Bei einer Virusinfektion sind höhere Dosen angebracht. Das können ohne weiteres 150 Milligramm und mehr sein. Das Problem dabei: Vitamin C kann zu Darmbeschwerden (Durchfall) führen. Man sollte sich deshalb an seine persönliche Tagesdosis allmählich herantasten.

Reichlich Vitamin C liefern beispielsweise Kartoffeln, Zitrusfrüchte, Kiwis, Sanddorn und Hagebutten.

### 7. Warum Hühnerbrühe unschlagbar ist

Die Idee unserer Großmütter, Kranken eine Hühnerbrühe zu kochen, ist erst in jüngster Zeit vom berühmten amerikanischen Mount Sinai Medical Center in New York wissenschaftlich untersucht worden. Die Mediziner geben Oma Recht: Denn in der Hühnersuppe steckt der Eiweißstoff Cystein, der Entzündungen der Atemwege entgegenwirkt. In Medikamenten gegen Bronchialbeschwerden wird dieser Stoff schon lange verwendet, in der Hühnerbrühe aber jetzt erst entdeckt. Die Wissenschaftler empfehlen: Sobald es in der Nase juckt und im Hals kratzt, sollte man täglich zwei bis drei Tassen Hühnerbrühe heiß schlürfen. Selbst der Dampf der Brühe zeigt schon Wirkung.

Ein köstliches Hühnerbrühen-Rezept finden Sie in Kapitel XIII. »Die richtige Ernährung bei Erkältung«.

### 8. Der warme Halswickel aus Omas Zeiten

Das ist ein Rezept aus der Unterabteilung »Gefährlicher Unsinn«! Denn Halsschmerzen sind fast immer das Ergebnis entzündlicher Prozesse. Und ebensowenig wie man eine Blinddarmentzündung mit der Wärmflasche kuriert, sollte man Halsentzündungen mit Wärme behandeln. Handelt es sich um eine handfeste Mandelentzündung, kann man durch einen Halswickel auch diese kleinen Gewächse ähnlich wie den Blinddarm zum Perforieren bringen. Sie würden also platzen und den Eiter freisetzen – eine nicht ungefährliche Entwicklung. Besser sind kühle (nicht eiskalte) Wickel. Sehr gut machen sich auch frisch gehackte Zwiebeln in einem »Verband« aus einem Leinentuch (feucht und mit Zwiebeln gefüllt), einem Handtuch und einem Schal.

### 9. Kein Fieber? Dann ab in die Badewanne

Erkältungsbäder bringen es tatsächlich. Ganz egal, ob man sie kauft oder selber zusammenstellt: Ein heißes Bad und anschließende Bettruhe haben schon so manche Erkältung im Keim erstickt. Dem Husten tut die feuchte Luft und dem Schnupfen die meist in Erkältungsbädern enthaltenen Menthol- und Eukalyptusessenzen gut. Wer gleich nach dem Bad ins Bett geht, bemerkt außerdem, daß er leicht schwitzt. Und auch das ist einer der natürlichen Wege, einer Erkältung Herr zu werden. Die Badewanne scheidet aber sofort aus, wenn sich zu den anderen Symptomen auch noch Fieber gesellt. Dann besteht die Gefahr, durch ein heißes Bad mindestens eine Kreislaufschwäche, womöglich aber einen Kreislaufzusammenbruch zu provozieren. Man sollte so ein Erkältungsbad übrigens nicht sehr heiß starten, sondern lieber warmes Wasser nachlaufen lassen und nicht über 38 Grad Wassertemperatur gehen. Auch zwei Stunden in der Wanne zu liegen, ist unsinnig. Ein medizinisches Bad (und wegen des austrocknenden Effekts auf die Haut eigentlich auch jedes andere Badevergnügen) sollte nie länger als

20 Minuten dauern. Ganz wichtig ist, sich hinterher warm einzupacken. Ob man noch einen Zwischenstop auf dem Sofa einlegt oder gleich ins Bett geht, ist nicht so entscheidend.

### 10. Die Erkältung im Bett ausschwitzen

Wärme ist, besonders wenn die Erkältung fieberfrei verläuft, eine gute Idee. Es kommt dabei aber sehr auf die Details an. Das Schlafzimmer sollte keinesfalls aufgeheizt werden, eine Raumtemperatur um die 18 Grad ist auch bei einer Erkältung vernünftig, und wenn es draußen nicht allzu kalt ist, sollte auch ein kleines Fenster oder Oberlicht gekippt werden. Frische Luft ist wichtig, da sie das Atmen mit verstopfter Nase und nächtliche Hustenanfälle erleichtert. Richtig warm darf der eigene Körper eventuell nach einem Bad, das Bett (kurzfristig mit Heizdecke angewärmt, bloß das Abschalten nicht vergessen!) und der Lindenblütentee am Bett sein. Man kann auch mehrere Decken auf sich häufen. Nach einer halben bis ganzen Stunde können dann einige Decken entfernt werden. Wer ohnehin zum Schwitzen neigt, sollte sich eventuell unter den Decken in ein Badetuch wickeln. Das kann man dann einfach abwerfen und vielleicht noch schnell das Schlafzeug (Nachthemd, Pyjama) wechseln. Denn niemand sollte in seinem Schweiß liegen bleiben. Wer unter Fieber leidet, darf sich nicht so warm einpacken, sondern sollte lieber unter einer leichten Decke liegen. Dies hilft dem Körper, auch die eigene Innentemperatur wieder zu senken. Einzige Ausnahme: Bei Schüttelfrost können vorübergehend zusätzliche Decken verwendet werden. Diese wird man nach kurzer Zeit freiwillig hergeben.

## 11. Höflicher ist es, niemandem die Hand zu geben

Inzwischen ist er schon ein bißchen aus der Mode gekommen, und viele Mediziner sind wohl auch nicht traurig darüber: der Handschlag bei der Begrüßung. Ein freundliches Nicken, ein Lächeln haben diesen Brauch ersetzt. Besser so: Denn ein Hauptübertragungsweg für den Schnupfen ist schon immer das Händeschütteln gewesen. Die Möglichkeiten, sich trotz einer Erkältung hygienisch einwandfrei zu verhalten, sind in den letzten Jahrzehnten einfacher geworden. Die zehnmal aus der Hosentasche gezogenen Stofftaschentücher wichen schnell einzusetzenden und gleich wieder entsorgten Papiertaschentüchern. Schwer ansteckende Krankheiten haben auch gemeinsame Getränke unter Kindern aus der Mode gebracht. Jeder trinkt heute aus dem eigenen Glas, der eigenen Flasche. Wenn sich mehrere Kinder eine Flasche teilen, dann benutzen sie wenigstens eigene Strohhalme. Andererseits ist es bedauerlich, daß gute Manieren heute zu einer Art schlechter Witz verkommen sind. Höflichkeitsgesten, wie hinter vorgehaltener Hand zu niesen oder zu husten und sich beim Schneuzen vom Gesprächspartner deutlich abzuwenden, sind eigentlich mehr als nur eine gute Kinderstube. Es sind vernünftige Regeln im Umgang mit Infekten. Doch wer sich heute in einem Bus, einer U-Bahn oder einem Kaufhaus umsieht, stellt schnell fest, daß offen durch die Gegend geniest und gehustet wird.

## 12. Ein Seuchenherd – wann man das Büro oder den Betrieb meiden sollte

»Mir geht's so schlecht, aber ich werde doch bei der Arbeit gebraucht«, reden sich Büro-Märtyrer ein, die mit Husten, Schnupfen, Heiserkeit und manchmal sogar Fieber zur Arbeit gehen. Doch dieses Verhalten ist falsch und gefährlich und kann eine wahre Erkältungs-Epidemie auslösen. Wer Fieber hat, gehört ohnehin ins Bett, riskiert eine Verschlechterung, möglicherweise einen Kreislaufkollaps und ist außerdem eher eine Belastung als eine Hilfe im Job. Husten und Schnupfen werden zumeist als Tröpfcheninfektion weitergegeben. Das heißt, der Kranke wirkt wie eine Viren- und Bakterienschleuder. Wer in einem Einzelzimmer oder beispielsweise oben auf einem Kran den Arbeitstag fast gänzlich allein verbringt, gefährdet natürlich kaum jemanden. Aber wer im Großraumbüro tätig ist, sollte auf die Kollegen Rücksicht nehmen und zwei oder drei Tage zu Hause bleiben.

### 13. »Hochziehen« ist ungesund und gefährlich

Unsere Mütter pflegten noch zu behaupten, vom »Hochziehen« bekäme man Nasennebenhöhlen- und Stirnhöhlenvereiterung. Das stimmt deshalb nicht, weil in aller Regel nicht »hoch«-, sondern »runtergezogen« wird. Das heißt, der in Nase, Nebenhöhlen und Stirnhöhle angefallene Schleim wird über den Rachen abtransportiert und im Magen dann von der dort arbeitenden Salzsäure vernichtet. Ungesund ist es also nicht, das »Hochziehen«, höchstens unappetitlich. Kleine Kinder bis etwa vier Jahre können ohnehin nicht anders. Sie verstehen unsere Art des Schneuzens noch nicht. Das ist dasselbe, als würde man von einem Baby erwarten, daß es die Toilette benutzt.

# V. Pillen, Tropfen und Dragées – was die Schulmedizin zu bieten hat

In der Apotheke gibt es eine Vielzahl von Mitteln gegen Erkältungen – von harm- und oft wirkungslosen Pastillen bis zu den ganz »harten Drogen«. Aber schon mit der ersten Gesundheitsreform haben die Krankenkassen Zuschüsse für viele dieser Medikamente gestrichen. Deshalb gehen die meisten Betroffenen mit einer Erkältung gar nicht mehr zum Arzt, sondern kaufen gleich in der Apotheke ein und bezahlen aus dem eigenen Geldbeutel, was sie brauchen.
Der Markt für Husten- und Schnupfenmittel ist riesig: In den vergangenen Jahren rangierten Erkältungsmedikamente stets unter den umsatzstärksten Verkaufsartikeln in Apotheken, Drogerien und Verbrauchermärkten. In Westdeutschland gingen dafür pro Jahr rund 1,2 Milliarden Mark und im Osten 217 Millionen Mark über den Ladentisch. Für Apotheker bedeutet das eine besondere Verantwortung. Denn naturgemäß müssen in seiner Brust zwei Herzen schlagen: »Verkaufe ich dem Kunden die teuren Mittel, die er verlangt, oder verweise ich auf weniger Schädliches oder auf einen Arzt, wenn der Husten nach einer Bronchitis klingt?« Wir nehmen in diesem Kapitel die Lieblingsmittel der Deutschen gegen Husten und Schnupfen und ihre Begleiter unter die Lupe.

## 1. Kombi-Präparate

Medikamente, die gleich mehrere Symptome einer Erkältung abdecken, sind bei deutschen Apotheken-Kunden besonders beliebt. Doch die Sache funktioniert nicht wirklich, weil sich die geforderten Wirkungen oft widersprechen. Das ist eine Art Waschmittel-Effekt: Früher war es sehr beliebt, Waschmittel mit Weichspüler zu kombinieren. Dabei muß man nur darüber nachdenken, um zu erkennen, daß dieses Prinzip gar nicht funktionieren kann: Das Waschmittel muß nämlich die Stoffasern angreifen, um Verschmutzungen zu beseitigen. Der Weichspüler soll hingegen die Fasern quasi versiegeln und weichmachen. Läßt sich das kombinieren? Nein, es kann nur nacheinander eingesetzt werden! Dasselbe gilt für Hustenstillen und Hustenlösen. Tagsüber sollte der Husten eher gelöst werden, was einerseits die Schleimbildung fördert, andererseits häufiges Husten bedeutet. Nachts könnte man (aber nur, wenn man sonst überhaupt nicht schlafen kann) mit einem Hustenstiller arbeiten. Wird beides zusammen verabreicht, wie in Kombipräparaten möglich, entsteht in den Bronchien jede Menge Schleim, der nicht abgehustet wird. Das merken Beobachter daran, daß der Kranke nachts röchelt und einen rasselnden Atem hat. Ungünstiger Nebeneffekt: In dem nicht entsorgten Schleim finden Bakterien ein ideales Umfeld, um zu wachsen und zu gedeihen.

Geht es darum, eine einzige Nacht richtig durchzuschlafen, und hat man am nächsten Tag frei, können solche Kombipräparate, die auch eine Einschlafhilfe enthalten (Nacht-Präparate), ausnahmsweise eingenommen werden. Dann können auch morgendliche Verkaterungen dadurch abgefangen werden, daß man im Bett bleibt.

*Der Rat des Apothekers:* Von Kombi-Präparaten ist grundsätzlich abzuraten. Hier werden nicht Einzelsymptome gelindert, sondern eine ganze Symptomatik niedergeschlagen. Gesund wird dadurch niemand.

## 2. Die Fiebersenker

»Wenn mich eine Erkältung anspringt, nehme ich zwei Aspirin und bin am nächsten Tag wieder einsatzbereit«, berichten Fans der Acetylsalicylsäure. Medizinisch ist das aber durch nichts bewiesen. Lediglich Kopfschmerzen, die ja viele Erkältete auch haben, und eventuell Fieber ließen sich mit Aspirin & Co. bekämpfen. Die drei gebräuchlichsten, in der Apotheke freiverkäuflichen Schmerzmittel und Fiebersenker sind:

### Acetylsalicylsäure (ASS)

Das älteste Präparat, das sich aus diesem Wirkstoff zusammensetzt, ist das 1899 auf dem Markt erschienene Aspirin. Als Brausetablette Aspirin plus C ist es heute das in Deutschland meistgekaufte Schmerzmittel. Dieses Präparat wirkt schmerzlindernd, fiebersenkend und in höheren Dosen entzündungshemmend. Es ist aber bei Erkältungen nicht unbedingt die erste Wahl. Denn seine blutverdünnende Wirkung wäre in diesem Fall völlig überflüssig. Tagesdosis: zwischen 500 bis 1.000 mg ASS, maximal 1.000 mg als Einzeldosis bei Akutschmerzen, 3.000 mg maximal am Tag. Wichtig: Wer Probleme mit dem Magen (z. B. Gastritis) oder dem Darm (z. B. Morbus Crohn) hat, Nierenkranke und Asthmatiker sollten Aspirin und seine ASS-Geschwister generell meiden. Zweite Warnung: Kinder und Jugendliche mit Fieber sollten grundsätzlich nicht mit ASS behandelt werden. Es besteht die Gefahr des Reye-Syndroms, einer lebensbedrohenden Lebererkrankung!

*Der Rat des Apothekers:* Bei Erkältungen ist ASS, im Gegensatz zu dem, was Amerikaner über Jahrzehnte propagierten, nicht wirklich zu empfehlen. Das Präparat hat zu viele Nebenwirkungen.

**Paracetamol**

Paracetamol ist ein seit 1877 bekanntes und seit langem in der Schmerz- und Fiebertherapie bewährtes Mittel. Es wirkt schmerzdämpfend und fiebersenkend, dabei aber nur sehr schwach entzündungshemmend. Tagesdosis: zwischen 500 und 1.000 mg, maximal 3.000 bis 4.000 mg. Paracetamol ist nicht ungefährlich: Bei zu hoher Dosierung und zu häufiger Einnahme sind Leberschäden zu befürchten!

*Der Rat des Apothekers:* Wenn das Senken des Fiebers medizinisch notwendig ist, ist Paracetamol das naheliegende Mittel. Wegen möglicher Leberschädigung sollte unbedingt vor Mißbrauch, also Überdosierung gewarnt werden!

**Ibuprofen**

Zu den neueren Schmerzmitteln gehört Ibuprofen. Ähnlich wie die anderen beiden wirkt es schmerzstillend, fiebersenkend und entzündungshemmend. Oft reichen die von den Herstellern genannten 200 mg als Einzeldosis aber nicht aus. Deshalb hat sich die Gabe als Lysinsalz bewährt. Dadurch gelangt das Mittel schneller ins Schmerzzentrum. Die maximale Dosis in der Selbstbehandlung liegt bei 1.200 mg Ibuprofen am Tag. Die möglichen Nebenwirkungen sind ähnlich wie bei ASS, aber meistens vertragen Menschen, denen eines von beiden auf den Magen schlägt, genau das andere Mittel. Die Wirkung von gleichzeitig eingenommenem Kortison und anderen Rheumamitteln erhöht die Risiken für den Magen- und Darmbereich.

*Der Rat des Apothekers:* Zum Fiebersenken ist Ibuprofen nicht besonders geeignet, als Schmerzmittel für Magenempfindliche unter Umständen schon. Kindern sollte man kein Ibuprofen verabreichen.

Wenn der Körper Bakterien- oder Virusalarm gibt, ist Fieber meist die erste Reaktion des Immunsystems, um die Eindringlinge hinauszujagen. Das heißt: Die Körpertemperatur wird so erhöht, daß sich Viren und Bakterien nicht mehr wohl fühlen und freiwillig aufgeben. Es handelt sich also um eine gesunde Abwehrreaktion des Körpers. Aus diesem Grund sollte Fieber nach Möglichkeit ganz unbehandelt bleiben. Einzige Regeln: ins Bett und möglichst viel trinken. Steigt das Fieber aber bei Kindern über 40 und bei Erwachsenen über 39 Grad, muß etwas unternommen werden.
Nur wenn Wadenwickel nicht weiterhelfen, sollten Medikamente (am besten Paracetamol, siehe oben) eingesetzt werden. Kann das Fieber auch dann nicht gesenkt werden, ist ein Arztbesuch unvermeidlich. Der kann dann auch abklären, ob es sich um eine bakterielle oder eine Virusinfektion handelt.

## 3. Hustenlöser/Hustenstiller

Ein festsitzender Husten kann eine sehr quälende Angelegenheit sein. Irgendwann hat man auch noch Kopfschmerzen und jeder weitere Anfall scheint einem das Gehirn »durchzuschütteln«. Besonders nachts, wenn Bett und Schlafzimmer für ein warmes Klima und feuchte Luft sorgen, wird viel gehustet. Wer dadurch aber zu wenig schläft, schwächt damit sein Immunsystem zusätzlich, und das sollten wir auf alle Fälle vermeiden. Deshalb kann ein Hustenlöser (enthält folgende Wirkstoffe bzw. Packungsaufdruck: Acetylcystein = ACC, Ambroxol = A und Bromhexin = B) ein fabelhaftes Mittel sein. Dabei gibt es aber einiges zu beachten.

*Der Rat des Apothekers:* Hustenlöser müssen grundsätzlich mit einer hohen Flüssigkeitsaufnahme im Körper (zwei bis drei Liter täglich) kombiniert werden. Denn das Wasser wird zur Schleimbildung benötigt. Und man sollte Hustenlöser nie nach 17 Uhr nehmen! Man beschert sich sonst eine lange, verhustete Nacht!

Nachts wird der meiste Schleim aus den Bronchien abgehustet, und die Lösungsmittel verstärken diesen Effekt. Statt also möglicherweise nachts Hustenlöser und Hustenstiller zu kombinieren, sollte man lieber tagsüber früh mit den Lösern Schluß machen und kurz vor dem Einschlafen einen beruhigenden Hustensaft, -tropfen oder -tabletten einnehmen.

*Der Rat des Apothekers:* Hustenstiller sollten möglichst nur punktuell eingesetzt werden, wenn ungestörte Nachtruhe zum sehnlichsten Wunsch geworden ist. Abhusten ist wichtig und sollte nicht längere Zeit unterdrückt werden.

So eine symptomatische Behandlung (ausschließlich auf eine Beschwerde ausgerichtet) sollte nie länger als drei bis maximal sieben Tage dauern. Je eher man von der Chemie herunterkommt, desto besser. Ganz sicher darf man nie Stiller und Löser zusammen einnehmen, auch Kombipräparate, die beides versprechen, sind unsinnig. Denn durch sie sammelt sich in den Bronchien jede Menge Schleim (Hustenlöser), der nicht mehr abgehustet wird (Hustenstiller). In diesem Schleim aber finden Viren und Bakterien einen idealen Nährgrund, um sich zu vermehren. Auf diese Weise könnte sich der Krankheitsverlauf dramatisieren und ungewollt in die Länge ziehen.

## 4. Halsschmerztabletten

Die meisten Halsschmerzen wird man durch viel Trinken, wenig Reden und schonendes Essen los. Nur wenn Viren und Bakterien im Spiel sind, helfen die Lutschtabletten, die eine Art Mischung aus Desinfektionsmittel und Lokalanästhetikum (örtliche Betäubung) sind.

*Der Rat des Apothekers:* Wer am Tag drei- oder viermal zu einer Halstablette greift und sie dann auch noch langsam unter der Zunge zergehen läßt, erreicht die bestmögliche Wirkung und verträgt die Tabletten entsprechend gut. Gurgeln dagegen ist weit weniger sinnvoll, weil der Wirkstoff nur sehr kurze Zeit im Rachenraum verbleibt.

Halstabletten zu lutschen oder zu kauen, nimmt ihnen die Chance auf eine vernünftige Wirkung. Man sollte sie sich lieber unter die Zunge oder in die Backentasche legen und langsam auflösen lassen. Helfen die Tabletten nicht, muß man zum Arzt, weil es sich um eine Mandel- oder Seitenstrangangina handeln könnte, die nur noch mit Antibiotika sinnvoll behandelt werden kann.

## 5. Nasentropfen

Ein paar Tropfen in die Nase und schon hat man seine Ruhe, kann wieder tief durchatmen. Ein Rezept, das aber nicht ungefährlich ist, denn – so albern es klingt – Nasentropfen können süchtig machen. Werden sie nämlich zu oft angewandt, schwellen die Schleimhäute der Nase ab, werden trocken, und die Nase verstopft ständig. Das heißt, es müssen täglich Nasentropfen verwendet werden, um überhaupt richtig Luft zu bekommen. Das schlägt letztlich auch aufs Immunsystem, weil die Schleimhäute eigentlich ohne Hilfe von außen Erreger abwehren sollen.

*Der Rat des Apothekers:* Nasentropfen, die ölhaltig sind, können die für die Atmung wichtige Filterstation der Flimmerhärchen verkleben! Deshalb sollten sie vermieden werden. Besser – und nur kurzfristig bei völlig verstopfter oder ewig laufender Nase – sind wäßrige Nasentropfen geeignet.

Ist der Schnupfen vorbei, müssen Nasenspray, -tropfen und Inhalierstifte weggeworfen werden. Sie dürfen keineswegs beim nächsten Schnupfen wiederverwendet werden. Es besteht die Gefahr, sich selbst erneut mit anderen Viren zu infizieren.
Schnupfenmittel zum Einnehmen enthalten bei näherer Betrachtung oft Antihistamine (Anti-Allergiemittel) oder Appetitzügler. Beides erfüllt – zumindest bei Schnupfen, der nicht allergischer Natur ist – keinen Sinn. Letzteres ist bloßer Unsinn, denn zwischen Schnupfen und Übergewicht besteht nicht der geringste Zusammenhang.
Bei Babys und Kleinkindern sind ätherische Öle nur mit Vorsicht direkt anzuwenden. Menthol und Kampfer sollte man ganz weglassen, denn sie können bei Säuglingen zu Krämpfen und lebensbedrohenden Erstickungsanfällen führen. Cremes und Salben gegen Erkältungskrankheiten dürfen bei Kindern auf gar keinen Fall im Nasenbereich eingesetzt werden. Dafür ist ihre Haut viel zu empfindlich. Wenn das Kind nicht allergisch reagiert (dies sollte vorher an anderer Stelle vorsichtig ausgetestet werden), kann die Brust eingerieben werden, andernfalls sollte ein Teelöffel Creme in einer Schüssel mit heißem Wasser gelöst und dann – möglichst weit weg vom Kind – im Kinderzimmer aufgestellt werden. Dort erreicht die Mischung immer noch ausreichende Wirkung und kann aber keinen Schaden anrichten. Kinder unter sechs Jahren sollten nach Möglichkeit überhaupt keine Nasentropfen bekommen und wenn, dann nur vom Arzt verordnete Tropfen.
Eine Alternative: Kochsalzlösung aus der Apotheke kaufen und kleineren Kindern mit der Nasenpipette (gibt's auch in Apotheken) in die Nase träufeln.

Diese Medizin können sich Erwachsene mit ein wenig Wasser in der Handfläche und einer kräftigen Prise Salz selbst anrühren. Dann mit der anderen Hand ein Nasenloch zuhalten und mit der Nase die Salzlösung aufsaugen. Den Vorgang mit dem zweiten Nasenloch wiederholen. Das klingt genau so unappetitlich wie es ist, hilft aber nebenwirkungsfrei, verstopfte Nasen zu befreien.

## 6. Wann Penicillin oder Antibiotika unvermeidlich sind

Wie schon beim Test eingangs erwähnt, gibt es Symptome, die einen Arztbesuch unvermeidlich machen. Wenn der Schnupfen zur Nasenneben- oder Stirnhöhlenvereiterung, der Husten zur Bronchitis geführt hat, sind Antibiotika oder Penicillin meistens auch nicht mehr zu vermeiden. Dann fühlt man sich aber normalerweise auch schon so schlecht, daß einem die ärztliche Maßnahme einleuchtet. Die meisten Ärzte werfen heutzutage ohnehin nicht mehr mit Rezepten für Antibiotika um sich, sondern entscheiden sehr viel strenger, ob die harte Medikation wirklich sein muß. Denn die das Immunsystem schwächende Wirkung solcher Therapien ist Medizinern inzwischen bewußter geworden.
Eines muß aber deutlich gesagt werden: Wer Antibiotika verschrieben bekommt und nicht einnimmt oder die Behandlung damit nach kurzer Zeit abbricht (»Mir geht's doch schon wieder gut«), riskiert den Ausbruch schwererer Erkrankungen wie Lungen- oder Rippenfellentzündungen.

*Der Rat des Apothekers:* Wenn der Arzt angibt, daß das Mittel in bestimmter Dosierung über eine bestimmte Zeit eingenommen werden soll, muß sich der Patient daran auch halten. Denn werden die bakterientötenden Medikamente zu früh abgesetzt, erholen sich die Krankheitserreger sehr schnell und verursachen noch stärkere Symptome.

## 7. Operative Lösungen bei Angina, Sinusitis und Nasenpolypen

Für Folgeerscheinungen von Erkältungskrankheiten kommt unter Umständen auch die Behandlung durch einen Chirurgen in Frage. Er würde zum Beispiel die Mandeln entfernen (Tonsillektomie), wenn Mandelentzündungen mehr als dreimal pro Jahr auftreten. Früher wurde sehr viel schneller operiert, weil man Mandeln ebenso wie den Blinddarm für völlig überflüssig hielt. Heute weiß man, daß sie zum lymphathischen System gehören und eine wichtige Funktion auch im Immunsystem haben. Der Chirurg geht also nur ans Werk, wenn keine andere Möglichkeit mehr besteht.

Wenn sich eine Nasennebenhöhlenentzündung (Sinusitis) nicht mehr mit Medikamenten behandeln läßt und auch Bestrahlungen mit Rotlicht und Hochfrequenz-Wärmetherapie nichts mehr ausrichten, kann auch hier ein operativer Eingriff nötig werden. Die Nebenhöhlen werden dann über den Mundraum geöffnet, gesäubert und ein Fenster geöffnet, das weitere Aktionen ohne großen Eingriff möglich macht. Das ist unangenehm und wirklich nur die letzte Lösung. Die sorgfältige Behandlung von Sinusitis, also das frühzeitige Auflösen der Entzündung, kann solche Operationen aber überflüssig machen.

Die andere Folge vermehrten Schnupfens und immer wieder gereizter Nasenschleimhäute können Nasenpolypen sein. Das sind Wucherungen im Nasen-Rachenraum. Diese müssen chirurgisch entfernt werden, wenn sie die Atmung behindern. Andernfalls besteht auch die Gefahr, daß die Polypen in benachbarte Bereiche (z. B. Gehörgang) hineinwuchern, und dann wird es gefährlich.

# VI. Natürlich Erkältungen heilen mit Echinacea

Nach Europa kam der Sonnenhut im ausgehenden 18. Jahrhundert als Zierpflanze und wurde in etlichen Fachbücher als wunderschöne Blume gerühmt. Irgendeine Heilwirkung wurde damals dem Echinacea genausowenig zugesprochen wie anderen Gartenpflanzen.

Als dann Anfang dieses Jahrhunderts Echinacea auch in Europa immer mehr medizinischen Zwecken diente, wurde die Pflanze hauptsächlich als Urtinktur in der Homöopathie verwendet. Der europäische Exportanteil war deshalb relativ gering, während in Amerika ein ungeheurer Raubbau an der Natur betrieben wurde. Denn schnell hatten die Vermarkter des Sonnenhutes entdeckt, daß auch die Wurzeln der Echinacea sehr viele Wirkstoffe enthielten. Und so wurden überall dort, wo Echinacea wuchs, nicht nur die Blüten, sondern die ganzen Pflanzen geerntet. Wo aber keine Wurzeln zurückbleiben, wächst auch nichts Neues nach.

In Deutschland war der Arzt Dr. Gerhard Madaus der erste, der schon in den 20er Jahren auf die Idee kam, sich in Amerika Pflanzen zu besorgen und ihren Anbau in Deutschland zu versuchen. Er erbrachte in mühseliger Forschung den Nachweis, daß diese Pflanze wirksame Heilkräfte enthielt. Inzwischen ist es seine Firma, die mit dem Produktnamen Echinacin® Furore macht. Sie produziert Tropfen, Tabletten, Instant-Tees und Salben aus fast reinem

Preßsaft der Echinacea purpurea (zugefügt wird nur Alkohol oder Paraben).
Der Vorteil des Anbaus im eigenen Land ist eine besonders hohe Qualität. Pestizide, Herbizide und Fungizide sind im pharmazeutischen Anbau absolut verboten. Die Qualität der geernteten Pflanzen wird peinlich genau überprüft. Der Saft ist also von erwiesener Qualität. Mehr über diese Heilpflanze können Sie in dem Buch »Natürlich gesund und fit mit Echinacea« (Heyne, Bd.-Nr. 08/5270) erfahren.

## 1. Dosierung

Es gibt drei verschiedene Therapieformen, die man mit Echinacea durchführen kann. Wenn es um Erkältungen und ihre Symptome geht, ist die richtige Therapieform immer abhängig davon, wie weit die Krankheit fortgeschritten ist. Hat man nur ein bißchen Schnupfen und fühlt sich ein klein wenig unwohl, läßt sich das Unheil eventuell mit einer Stoßtherapie im Keim ersticken. Diese läßt sich auf folgende Weise gestalten:

### Dosierungen bei einer Stoßtherapie

Behandlungsdauer: 24 Stunden, Abbruch der Behandlung, wenn es nicht deutlich besser wird. Weitere Therapie: siehe unter »Dosierungen bei schon ausgebrochener Krankheit.«
*Echinacea-Tropfen:* Jede Stunde jeweils 30 bis 50 Tropfen am besten zusammen mit Echinacea-Tee einnehmen. Das drei- bis viermal hintereinander wiederholen. Dann dieselbe Anzahl Tropfen im-

mer im Abstand von sechs bis acht Stunden wiederholen. Wer einen empfindlichen Magen hat, sollte vorher etwas essen.

*Echinacea-Tabletten:* Zwei Tabletten auf einmal (am besten mit einer großen Tasse Echinacea-Tee) einnehmen. Insgesamt dreimal im Abstand von zwei Stunden wiederholen, dann zur Dauertherapie übergehen.

*Echinacea-Preßsaft:* Anfangs vor dem Essen einen Eßlöffel voll Preßsaft (40 bis 50 Tropfen) einnehmen. Diese Maximaldosis darf noch zwei- bis dreimal im Abstand von einer Stunde wiederholt werden, dann bis zum Schlafengehen alle zwei Stunden 20 Tropfen einnehmen.

*Echinacea-Lutschtabletten:* Zwei bis drei Pastillen in kurzem Abstand hintereinander einnehmen, danach alle zwei Stunden eine Pastille lutschen oder auf der Zunge zergehen lassen, bis man zu Bett geht.

*Echinacea-Tee:* Sie können den Tee als Instantpulver (mit kaltem oder nicht mehr kochendem Wasser übergießen), als Teebeutel oder getrocknetes Sonnenhutkraut bzw. Sonnenhutwurzel (mit kochendem Wasser aufgießen, bei geschlossenem Deckel zehn Minuten ziehen lassen) in der Apotheke kaufen. Vier bis fünf Tassen am ersten Tag trinken, danach maximal drei Tassen pro Tag.

## Dosierungen bei schon ausgebrochener Krankheit

Die Tatsache, daß Husten und Schnupfen schon begonnen haben, spielt für die Möglichkeit, Echinacea einzusetzen, keine Rolle. Ist die Krankheit aber schon voll ausgebrochen und die Temperatur erhöht, muß man eine andere Therapieform wählen.

Behandlungsdauer: Drei Wochen einnehmen, eine ebenso lange

Pause einlegen, dann eventuell wieder drei Wochen einnehmen, wenn die Infektion noch nicht überstanden ist.

*Echinacea-Tropfen:* Vier- bis fünfmal täglich 30 bis 40 Tropfen des Fertigprodukts oder der Tinktur in Wasser oder auf Zucker vor dem Essen einnehmen (bei empfindlichem Magen nach dem Essen). Dazu eventuell einen Echinacea- oder einen anderen Erkältungs-Tee (Fenchel, Kamille etc.) trinken.

*Echinacea-Tabletten:* Täglich drei bis vier Tabletten jeweils vor den Mahlzeiten einnehmen. Bitte mit reichlich Flüssigkeit schlucken.

*Echinacea-Lutschtabletten:* Drei- bis viermal täglich eine Pastille lutschen oder langsam im Mund zergehen lassen, nicht kauen!

*Echinacea-Preßsaft:* Vier- bis fünfmal am Tag vor einer kleinen Mahlzeit einen Eßlöffel voll einnehmen. Auch den Saft sollten Magenempfindliche nach der Mahlzeit einnehmen.

**Dosierungen bei Dauertherapie**

Im Winter kann man prophylaktisch eine Dauertherapie durchführen. Das lohnt sich besonders für diejenigen, die schon im vergangenen Winter immer wieder unter Erkältungen litten.

Behandlungsdauer: Vier Wochen einnehmen, eine ebenso lange Pause einlegen, dann wieder vier, maximal acht Wochen lang ohne Unterbrechung Echinacea einnehmen.

*Echinacea-Tropfen:* Drei- bis viermal täglich 10 bis 20 Tropfen in etwas Wasser oder auf einem Stück Zucker vor der Mahlzeit einnehmen. Möglichst lange im Mund behalten. Magenempfindliche sollten die Tropfen nach dem Essen einnehmen.

*Echinacea-Tabletten:* Täglich ein bis zwei Tabletten vor den Mahlzeiten mit viel Flüssigkeit einnehmen.

_Echinacea-Lutschtabletten:_ Zweimal täglich eine Pastille im Mund zergehen lassen oder lutschen.
_Echinacea-Preßsaft:_ Zwei- bis dreimal täglich einen Eßlöffel voll unverdünnt oder in Wasser bzw. Echinacea-Tee einnehmen. Normalerweise vor dem Essen, bei Magenempfindlichen danach.
_Echinacea-Tee:_ siehe oben

## 2. Anwendungsgebiete

### Angina

Sind die Mandeln sehr häufig entzündet und wird die Behandlung verschleppt, kann das Auswirkungen auf den ganzen Organismus, sogar auf das Herz haben. Bei diesen Beschwerden ist eine Stoßtherapie empfehlenswert, falls der Hals gerade zu kratzen beginnt, bei schon ausgebrochener Krankheit eine Dauertherapie.

### Bronchitis

Echinacea sollte erst in Stoß-, dann in Dauertherapie angewandt werden.

### Erkältungen

Bester Schutz (auch prophylaktisch, wenn gerade Erkältungen die Runde machen): das Immunsystem auf Trab bringen. Echinacea-Preßsaft und andere Produkte sind dabei erstklassige Helfer. Für das komplette Krankheitsbild mit mehreren Symptomen kommen alle drei erwähnten Therapien in Frage – je nachdem, wie stark die Beschwerden ausgeprägt sind.

### Fieber

Am ersten Tag können Sie Ihr Immunsystem mit einer Stoßtherapie, danach mit einer Behandlung bei schon ausgebrochener Krankheit mit Echinacea unterstützen.

### Grippaler Infekt

Am besten schon bei den ersten Anzeichen einer Grippe – egal, ob Übelkeit, Gliederschmerzen, Durchfall, Husten oder Schnupfen – mit Echinacea und seinen Produkten zum Gegenschlag (Stoßtherapie) ausholen. In Untersuchungen hat Echinacea seine Wirksamkeit sogar gegen besonders aggressive Viren bewiesen. Wenn bisher nur ein Familienmitglied oder Betriebskollege betroffen ist, sollten die anderen sofort mit einer prophylaktischen Dauertherapie beginnen, um sich gegen die Viren zu schützen. Außerdem verkürzt Echinacea bei ausgebrochener Krankheit den Verlauf erwiesenermaßen ganz deutlich.

### Husten

Um Entzündungen zu vermeiden und das Immunsystem bei seiner Abwehrarbeit zu unterstützen, ist die Einnahme von Echinacea empfehlenswert. Als Behandlung kommen die Stoßtherapie, die Einnahme bei schon ausgebrochener Krankheit und die Dauertherapie in Frage.

### Kehlkopfentzündung

Wenn es nicht die Mandeln sind und die Stimme trotzdem rauh wird, können Kehlkopf und Stimmbänder entzündet sein. Damit die Entzündung nicht chronisch wird, sollten Sie zum Arzt gehen. Vorher aber können Sie schon mit einer Echinacea-Therapie beginnen, die in keinem Fall schadet – am besten zuerst als Stoßtherapie und dann mit der Einnahme bei schon ausgebrochener Krankheit fortfahren.

### Nasennebenhöhlenentzündung

Bei dieser Erkrankung kann Echinacea als Stoßtherapie und Therapie bei schon ausgebrochener Krankheit angewendet werden.

# VII. Heilöle – Durchatmen mit Eukalyptus & Co.

In der Aromatherapie ist die Wirkung verschiedener Öle und Essenzen, die aus Pflanzen gewonnen werden, seit Jahrhunderten bekannt. Viele Wirkungen wurden inzwischen medizinisch erforscht. In vielen Fällen wird mit dem ätherischen Öl gearbeitet, andere Pflanzen werden wässerig oder alkoholisch als Essenz aufbereitet. Wie man sie anwendet und was sie nützen, erfahren Sie in diesem Kapitel.

## 1. Anwendungsmethoden

### Aromatherapie

Bei der Aromatherapie wird das Öl mit Hilfe einer Duftlampe erhitzt, wodurch die ätherischen Essenzen freigesetzt werden. Die Aromatherapie desinfiziert im Krankenzimmer die Luft und erleichtert gleichzeitig das Atmen bei Husten und Schnupfen. Während man aber bei Erwachsenen durchaus 15 bis 20 Tropfen Öl auf die Duftlampe aufträgt und mit Wasser auffüllt, sollte man bei Babys und Kleinkindern die Dosis auf drei Tropfen reduzieren.

### Innerliche Anwendung

Die innerliche Anwendung ist nicht bei allen Ölen sinnvoll oder möglich. Auch die Dosierung ist je nach Öl unterschiedlich. Auf einen Eßlöffel Honig werden folgende ätherische Öle gemischt:

- Eukalyptus (2–5 Tropfen, zwei- bis dreimal täglich)
- Fichte (3–5 Tropfen, drei- bis viermal täglich)
- Majoran (3–4 Tropfen, zwei- bis dreimal täglich)
- Rosmarin (3–4 Tropfen, zwei- bis dreimal täglich)
- Pfefferminz (2–5 Tropfen, mehrmals täglich)
- Salbei (2–4 Tropfen, dreimal täglich)
- Thymian (3–5 Tropfen, dreimal täglich)
- Wacholder (3–5 Tropfen, ein- bis zweimal täglich)
- Ylang-Ylang (2–5 Tropfen, dreimal täglich)
- Zimt (2–4 Tropfen, zwei- bis dreimal täglich)
- Zypresse (2–4 Tropfen, zwei- bis dreimal täglich)

### Inhalationen

Inhalationen sind für Babys und Kleinkindern zu aggressiv und werden deshalb erst bei Schulkindern angewendet. Während Erwachsene auch schon mal fünf Tropfen auf einen Liter kochendes Wasser vertragen, sollte das Wasser bei Kindern nicht ganz so heiß und die Öl-Beimischung auf ein bis zwei Tropfen beschränkt bleiben. Die Schleimhäute von Kindern sind sehr viel zarter als bei Erwachsenen und reagieren deshalb schneller und intensiver auch auf kleinste Dosierungen eines Öls.

### Bäder

Einfach das Öl ins Badewasser zu gießen, ist bei Babys und Kleinkindern eher nicht zu empfehlen, denn das Heilöl vermischt sich nicht richtig mit dem Wasser und könnte so direkt an die Haut kommen – besonders bei Kampfer und Menthol wäre das problematisch. Allerdings gibt es die Möglichkeit, wenige Tropfen eines anderen Heilöls in ein Ölbad zu mischen und es erst dann mit dem Badewasser zusammenzuführen. Dadurch wird das Öl aufgelöst, und ein Baby könnte ebenfalls die befreiende Wirkung von Heilölen kennenlernen. Auch ein Teelöffel 50prozentiger Alkohol löst Heilöle auf und läßt eine spurlose Vermischung in der Badewanne zu. Mehr als acht bis zehn Tropfen sollte man aber nie verwenden. Damit das Heilöl nicht nur oben auf dem Wasser schwimmt, können Sie auch als Emulgator vier Eßlöffel Sahne oder einen Eßlöffel Honig verwenden. Verrühren Sie damit das Öl und geben es dann ins Badewasser.

Die Anwendung von allen Ölen sollte vorher auf der Haut (am besten innen am Ellenbogen) getestet werden. Denn wie bei allen natürlichen Mitteln ist eine Allergie nie auszuschließen. Der Test: Einen Tropfen Öl auf die zarte Haut in der Ellenbeuge und 24 Stunden abwarten, wie der Körper reagiert. Bilden sich Quaddeln, Bläschen oder entsteht Juckreiz, sollten Sie das entsprechende Öl meiden.

## 2. Heilöle, die bei Erkältungen helfen

Sie können mit den Ölen experimentieren oder auch eigene Mischungen erfinden. Manche Heilpflanzen werden jedoch nicht als Öl, sondern als wässerige Essenz gewonnen. Bei welchen Pflanzen das so ist, erklärt Ihnen Ihr Apotheker, der auch Tips für gesunde Mischungen geben kann.

| **Öl oder Essenz** | **Wirkt gegen** |
|---|---|
| Benzoe (Benjamin-Gummibaum) *Styrax benzoe* | Husten, Erkältung, Halsschmerzen, Katarrh, Bronchitis; Lungenantiseptikum |
| Eukalyptus *Eucalyptus globulus* und *citriodora* | Bronchitis, Fieber, Erkältung, Grippe, andere Atemwegsinfekte; innerliche Anwendung möglich. Vorsicht bei Kindern unter sechs Jahren! |
| Fichte *Pinus sylvestris* | Schnupfen, Bronchitis, Lungenentzündung, Grippe; innerliche Anwendung möglich |
| Honigmyrte *Myrtus communis* | Bronchitis, Katarrh, Nasennebenhöhlenentzündung, Erkältung, Grippe, Atemwegsinfektionen |
| Ingwer *Zingiber officinalis* | chronische Bronchitis, Erkältung, Grippe |
| Kamille *Matricaria chamomilla* | Kreuz- und Kopfschmerzen bei Grippe |
| Kampfer *Cinnamomum camphora* | Schnupfen, Husten, Halsschmerzen; nicht für Kinder unter sechs Jahren geeignet! |
| Kardamom *Elettaria cardamomum* | Bronchitis, Schnupfen, Grippenachbehandlung |

| **Öl oder Essenz** | **Wirkt gegen** |
|---|---|
| Lavendel<br>*Lavandula angustifolia* | Husten, Erkältung, Halsschmerzen, Fieber, Bronchitis, Nasennebenhöhlenentzündung; Luftantiseptikum |
| Limone<br>*Citrus limon* | Erkältung, Grippe; Luftdesinfektionsmittel |
| Majoran<br>*Origanum majorana* | Bronchitis, Nasennebenhöhlenentzündung, Erkältung, Grippe, Kurzatmigkeit, Reizhusten; innerlich anzuwenden |
| Menthol<br>(wird aus *Oleum menthae piperitae* gewonnen)<br>*Metholum* | Bronchitis, Nasennebenhöhlenentzündung, Erkältung, Grippe, Schnupfen; nicht für Kinder unter sechs Jahren geeignet! |
| Myrrhe<br>*Commiphora molmol* | Bronchitis, Katarrh, Husten, Halsschmerzen |
| Orange<br>*Citrus aurantium ssp aurantium* | alle Atemwegsinfektionen |
| Oregano<br>*Origanum vulgare* | Bronchitis, Grippe, Stirnhöhlenvereiterung, Nasenschleimhautentzündung, Ohrentzündung; innerlich anzuwenden |
| Palmarosa<br>*Cymbopogon martinii* | Bronchitis, Nasennebenhöhlenentzündung |
| Patchouli<br>*Pogostemon cablin* | alle Atemwegsinfektionen |
| Petitgrain<br>*Citrus aurantium ssp aurantium* | kleinere Infektionen, Grippe, Erkältung |

| **Öl oder Essenz** | **Wirkt gegen** |
|---|---|
| Pfefferminze<br>*Mentha x piperita* | Erkältung, Verkühlung, Schnupfen, Atemwegsinfektionen; innerlich anzuwenden |
| Römische Kamille<br>*Chamaemelum nobile* | Krampfhusten, pfeifende Atmung |
| Rose<br>*Rosa damascena* und *centifolia* | Infektionen, Husten, pfeifende Atmung |
| Rosmarin<br>*Rosmarinus officinalis* | Bronchitis, Nasennebenhöhlenentzündung, Atemwegsinfektionen; innerlich anzuwenden |
| Salbei<br>*Salvia sclarea* | Krampfhusten, andere Atemwegsinfekte; innerlich anzuwenden |
| Sandelholz<br>Santalum album | Bronchitis, Halsentzündung, Reizhusten |
| Schwarzer Pfeffer<br>*Piper nigrum* | Erkältungen, Fieber, Atemwegsinfektionen |
| Thymian<br>*Thymus vulgaris* | Grippe, Stirnhöhlenkatarrh, Zerschlagenheit, Frösteln, Halsentzündungen; abwehrstärkend, nervenstärkend, aufbauend; innerlich anzuwenden |
| Wacholderbeere<br>*Juniperus communis* | Erkältungen, Grippe, Atemwegsinfektionen; innerlich anzuwenden |
| Waldkiefer<br>*Pinus sylvestris* | Bronchitis, Nasennebenhöhlenentzündung, Husten, pfeifender Atem, Atemnot, Heuschnupfen |

| Öl oder Essenz | Wirkt gegen |
|---|---|
| Weihrauch<br>*Boswellia carterii* | Katarrh, Bronchitis, Nasenneben-höhlenentzündung, Asthma |
| Ylang-Ylang<br>*Hyssopus officinalis* | Husten, Grippe, Bronchitits; innerlich anzuwenden |
| Zimt<br>*Cinnamomum zeylanicum* | allgemeine Schwäche, Grippe, Erkältungen; innerlich anzuwenden |
| Zypresse<br>*Cupressus sempervirens* | Bronchitis; innerlich anzuwenden |

## 3. Teebaumöl – das grüne Gold Australiens

Ein Heilöl wollen wir an dieser Stelle besonders hervorheben, denn es ist bei Erkältungen besonders hilfreich: das australische Teebaumöl. Es wirkt:

- analgetisch (schmerzlindernd)
- juckreizlindernd
- entzündungshemmend
- regulativ
- desinfizierend
- adstringend (eiweißfällend)
- fungizid (pilztötend)
- bakterizid (bakterientötend)
- viruzid (virentötend)

Immer mehr dieser Wirkungen werden bestätigt, immer neue Anwendungsgebiete erschlossen. Gleichzeitig wird offensichtlich, daß wirklich nur eine einzige australische Sorte der Bäume die

volle Wirkung erzielt: Melaleuca alternifolia. Dieses Öl bekommen Sie garantiert naturrein in Ihrer Apotheke. Teebaumöl aus dem Supermarkt ist unter Umständen nicht ganz so wirksam. Der preisliche Unterschied ist aber gering. Teebaumöl wird genauso angewendet wie die anderen Heilöle. Bei Kindern unter drei Jahren sollte es jedoch nicht benutzt werden, weil diese auf ätherische Öle sehr stark reagieren. Einzige Ausnahme: Ein, zwei Tropfen Teebaumöl in einem Becher Wasser auf einem Stövchen weit weg vom Kind im Krankenzimmer verdampfen lassen.
Die Anwendungsgebiete von Teebaumöl im einzelnen:

**Abwehrkräfte**
Wird unser Immunsystem von Bakterien, Pilzen oder Viren heimgesucht, stellen sich die Wirkstoffe des Teebaumöls ihnen offen entgegen. Sie bekämpfen dabei nur den schädlichen Angreifer, haben also keine Streuwirkung wie beispielsweise Antibiotika. Durch die Abwehr »von Angesicht zu Angesicht« wird unser Immunsystem weniger belastet, letztlich sogar gestärkt. Fast unvorstellbar, bei wie vielen Symptomen und Krankheiten sich der Einsatz von Teebaumöl auch aus diesem Grunde lohnt. Die wirksamste Methode ist dabei der direkte Einsatz des Öls.

**Bronchitis**
Wenn der Husten festsitzt und jeder Anfall eine Quälerei ist, können Erwachsene und größere Kinder inhalieren, Babys und Kleinkindern kann man eine Aromalampe neben das Bett stellen (außerhalb ihrer Reichweite natürlich). Außerdem erleichtert das Einreiben von Brust und Rücken mit der Teebaum-Ölmischung das Atmen und

lockert den Husten. Der Sekretfluß löst sich. Klagt der Kranke anfangs zusätzlich über Kopfschmerzen, ist Teebaumöl auch dagegen das richtige Mittel. Beim Schlafen sollte der Betroffene sich mit Hilfe eines Extra-Kissens (darauf kann man auch noch ein paar Tropfen Teebaumöl geben!) höher lagern, das erleichtert die Atmung. Teebaumöl sollte grundsätzlich nicht innerlich angewendet werden (Ausnahme: Gurgeln).

### Fieber

Mit der Aromalampe, die das ganze Krankenzimmer desinfiziert, lassen sich Viren und Bakterien vertreiben. Wenn das Fieber nicht zu hoch ist, können Sie auch ein kurzes, nicht zu warmes Vollbad mit Teebaumöl nehmen (andernfalls sollte der Kranke mit Teebaumölwasser gewaschen werden). Hinterher gleich zum Schwitzen ins Bett.

### Grippe

Teebaumöl bei Fieberwaschungen, Nasentropfen, Inhalationen, Einreiben von Brust und Rücken und Gurgeln, sowie Heilöl in der Duftlampe (auch im Babyzimmer möglich) leisten wertvolle Hilfe.

### Halsschmerzen

Bäder, Aromalampen im Schlafzimmer über Nacht, Inhalationen und regelmäßiges Gurgeln sollten dem Entzündungsherd im Hals auf die Spur kommen und ihn vernichten.

### Mandelentzündung

Die sogenannte Tonsillitis oder Angina ist eine Vereiterung der

Mandeln im Rachenraum, die von Streptokokken ausgelöst wird. Gurgeln mit Teebaumöl desinfiziert, löst den Eiter auf und nimmt den Schmerz. Mehrmals täglich anzuwenden.

**Nasengeschwür**

Jeder, der sich bei einem Schnupfen oft die Nase geputzt hat, kennt sie: die Nasengeschwüre. Die Nasenflügel schwellen außen oder die Scheidewand innen an, entzünden sich und werden schließlich sogar eitrig. Das sieht nicht besonders schön aus und tut vor allem ziemlich weh. Inhalationen und das direkte Auftragen des Öls mit einem Wattestäbchen (nicht mit der Hand wegen Infektionsgefahr) sorgen für Abhilfe.

**Nebenhöhlenentzündung**

Inhalieren ist sicher der beste Weg, diese Krankheit mit Teebaumöl zu behandeln. Im Gegensatz zu Menthol, das die Symptome lindert, wirkt Teebaumöl bis tief in die Nebenhöhlen und bekämpft den Infekt nachhaltig.

**Schnupfen**

Es gibt zwei Haupt-Erscheinungsformen: Fließschnupfen oder die verstopfte Nase. In beiden Fällen ist Teebaumöl das richtige Heilmittel. Wenn der Schnupfen festsitzt, führt Inhalieren mit dem Öl eine sofortige Lösung herbei. Die Nebenhöhlen und der Rachenraum werden frei, man kann wieder durch die Nase atmen. Auch bei Fließschnupfen hilft die antiseptische Inhalation, die Viren zu stoppen. Darüber hinaus kann ein wenig Öl direkt unter die Nase (nur bei Schulkindern und Erwachsenen!) gerieben werden. Teebaumöl in der Aromalampe über Nacht eingeatmet, hilft Ihrem Immunsystem, die Erkältung ganz schnell niederzuschlagen.

**Stirnhöhlenvereiterung**

Wenn eine starke Erkältung oder Grippe sich in Stirn- oder Nasennebenhöhlen festsetzt, kann der Betroffene unter ganz erheblichen Schmerzen leiden. Eine Inhalation mit Teebaumöl löst Verschleimungen und sogar Eiter. Man kann wieder frei durchatmen, Entzündungen werden eingedämmt. Ein paar Tage lang sollte das Öl auch pur auf die betroffenen Stellen aufgetragen werden.

# VIII. Kräutertees gegen Husten, Schnupfen, Heiserkeit

Das Wichtigste bei jeder Form von Erkältung ist: Trinken, Trinken, Trinken. Unter Umständen läßt sich hier das Notwendige mit dem Nützlichen verbinden, indem man Kräutertees zu sich nimmt.

## 1. Wie man einen Tee richtig brüht

Egal, ob es sich um Husten, Schnupfen oder Heiserkeit handelt, gegen fast alles ist ein Kraut gewachsen. Und so werden die Kräuter aufgegossen:

1. Für jede Tasse Kräutertee nimmt man einen Teelöffel Kräuter. Will man einen Becher Kräutertee ansetzen, sollte man einen Eßlöffel von den Kräutern nehmen.
2. Jeder Kräutertee sollte mindestens acht Minuten ziehen. Pfarrer Kneipp riet, den Kräutertee immer zwischen acht und zehn Minuten ziehen zu lassen. Daran kann man sich halten. Zieht ein Kräutertee einmal aus Versehen etwas länger, ist es auch nicht schlimm. Der Geschmack ist vielleicht etwas intensiver, aber die Heilwirkung ist ungebrochen, solange der Tee nur heiß genug ist.
3. Die Kräuter müssen grundsätzlich mit kochend heißem, das heißt sprudelndem Wasser übergossen werden. Auch während

des Ziehens sollte die Hitze möglichst erhalten bleiben. Schließen Sie daher bereits beim Ziehen des Tees die Teekanne. Für die Ziehzeit beim Kräutertee wurden übrigens die Becher mit Deckel erfunden!

4. Nach dem Ziehen werden die Kräuter abgesiebt. Manche Becher mit Deckel haben sogar einen Kräutersieb-Einsatz.
5. Das Süßen der Kräutertees ist Geschmacksache: Ob Sie mit Honig, Zucker oder Süßstoff süßen, bleibt Ihnen überlassen. Das Süßen ist nicht nötig, es dient nur der Geschmacksverbesserung.
6. Für die Wirksamkeit des fertig gezogenen Kräutertees ist es wichtig, in kleinen Schlückchen zu trinken. Der Tee sollte so heiß wie möglich, aber nicht hastig eingenommen werden!

## 2. Kräuterteemischungen

### Gegen Schnupfen

30 g Majoran, 40 g Frauenmantelblätter, 30 g Pfefferminze
oder
50 g Salbei, 25 g Meisterwurzknollen, 25 g Frauenhaar
oder
25 g Rosmarin, 25 g Kamille, 20 g Gundelrebenkraut,
15 g Holunderblüten, 15 g Salbei
oder
20 g Augentrost, 20 Leinsamen, 20 g Veilchenwurzel,
20 g Wermut, 20 g Anis (diesen Tee nicht während der Schwangerschaft, bei Magengeschwüren, Nieren- und Blasenleiden trinken)

oder
25 g Lindenblüten, 25 g Kamillenblüten, 25 g Holunderblüten und 25 g Pfefferminze

**Gegen Husten (stillend)**

25 g Alantwurzel, 25 g Huflattich, 25 g Salbei, 25 g Spitzwegerich
oder
30 g Lungenkraut, 40 g Hohlzahnkraut, 30 g Huflattich
oder
15 g Anis, 20 g Huflattich, 15 g Süßholzwurzel, 10 g Königskerze, 40 g Eibischwurzel
oder
25 g Irisch Moos, 25 g Isländisch Moos, 25 g Fenchel, 25 g Eibischwurzel
oder
30 g bittere Kreuzblume, 10 g Mohnblütenblätter, 15 g Efeublätter, 35 g Süßholzwurzel, 10 g Kamillenblüten
oder
30 g Kartoffelblüten, 30 g Holunderblüten, 20 g Salbei und 20 g Lindenblüten

**Gegen Husten (lösend)**

25 g Isländisch Moos, 25 g Schafgarbe, 25 g Zinnkraut, 25 g Süßholzwurzel
oder
30 g Majoran, 20 g Seifenkraut, 30 g Salbei, 20 g Myrtenblätter
oder
30 g Eibischblätter, 20 g Huflattichblüten, 10 g Eibischwurzel,

5 g Kreuzblumenkraut, 25 g Süßholzwurzel
oder
15 g Anis, 15 g Eibischwurzel, 15 g Efeublätter,
15 g Huflattichblätter, 15 g Tüpfelfarnknollen, 25 g Lungenkraut
oder
20 g Beifuß, 20 g Kamillenblüten, 20 g Erdbeerblätter,
20 g Waldmeisterkraut, 20 g Lungenkraut
oder
20 g Odermennig, 20 g Vogelknöterich, 20 g Lindenblüten und
40 g Salbei

# IX. Honig – pure Gesundheit aus dem Bienenkorb

Die Lebensmittelverordnung sagt es ganz deutlich. Honig wird bezeichnet als der süße Stoff, den Bienen erzeugen, indem sie

- Blütennektar oder andere süße Sekrete von Pflanzenteilen oder dort lebenden Insekten aufnehmen,
- in ihrem Körper bereichern und verändern,
- in Waben speichern
- und dort reifen lassen.

Sind andere Stoffe zugesetzt, darf das Produkt sich nicht mehr Honig nennen. Daß das nicht immer so läuft, beweisen zum Beispiel Untersuchungen der Zeitschrift »Öko-Test«, Heft 2/98. Aber darüber hinaus kann jeder Imker zwischen Kaltschleudern und Pressen bis hin zum Auskochen mit dem Bienenerzeugnis so ziemlich alles machen, was er will. Und er nimmt damit natürlich starken Einfluß auf die Qualität des Bienensafts.
Bienen stellen Honig natürlich nicht für uns, sondern nur für ihre eigene Ernährung her, er liefert ihnen die lebenswichtigen Kohlenhydrate. Hauptsächlich bedienen sich die Trachtbienen (Sammlerinnen) beim Nektar, dem zuckerreichen Blütensaft. Doch auch Honigtau, die süßlichen Ausscheidungen von Insekten, die auf den Blätter der Pflanzen zurückbleiben, mögen die Bienen.

Ihr Sammelgut verstaut die fleißige Sammlerin in ihrem Honigsack und kehrt, wenn dieser voll ist, zum Stock zurück. Dort warten schon die Stockbienen (meist Winterbienen) auf den wertvollen Saft. Die Trachtbiene würgt ihn aus, und die Stockbiene speichelt ihn ein, wobei Enzyme das Gut verändern und letztlich für die Umwandlung des Rohrzuckers in Trauben- und Fruchtzucker sorgen. Dann wird der Nektar in eine Wabe gegeben und so lange getrocknet, bis er Honigkonsistenz besitzt. Erst dann wird die Wabe von der Stockbiene verschlossen. Handelt es sich um naturreinen, kaltgeschleuderten Honig, wird der Imker die gefüllten Waben, die im künstlichen Bienenstock an Holzrahmen hängen, in eine spezielle Zentrifuge geben und aus den Waben lösen. Damit ist der kostbare Saft auf schonendste Weise »geerntet«.

## 1. Was ist drin im Honig?

Zu etwa 75 bis 79 Prozent besteht Honig aus Kohlenhydraten. Dabei handelt es sich um Zucker, die dem Körper schnelle Energiegewinnung ermöglichen: hauptsächlich Frucht- und Traubenzucker. Außerdem sind geringe Spuren von Malzzucker, Rohrzucker (Saccharose) und anderen Zuckerarten zu finden.
Zweitens findet sich im Honig Wasser. Der Anteil von Flüssigkeit ist auch ein Qualitätsmerkmal: Ein guter Honig darf höchstens 21 Prozent Wasser enthalten. Nur bei Klee- und Heidehonig darf es ein bißchen mehr sein. Alle andere Sorten liegen zwischen 16 und 20 Prozent Wasseranteil.
»Das gute daran, ist das gute darin« – das ist ein Werbeslogan,

der allemal auch auf die weiteren Bestandteile des Honigs zutrifft. Er enthält nämlich außerdem ein breites Spektrum an Mineralstoffen und Spurenelementen, einiges an Vitaminen und dann noch eine Reihe von »Geheimnissen«, denen man erst in diesem Jahrhundert auf die Spur kam. Zu Beispiel finden sich im Honig Amylasen und Saccharase – beides sehr wichtige Enzyme.

Amylasen finden sich ganz oben in der Verdauungskette, im Speichel. Sie sorgen im Mund für die Verarbeitung von Stärkemolekülen in kurze Zuckerketten (Dextrine). Diese verkürzen Amylasen nochmals in Glukose und Mannose. Das hat aber nicht nur Auswirkung auf die weitere Verarbeitung von Nährstoffen im Körper. Amylasen geben mit ihrer Arbeit auch der Nahrung einen guten Geschmack. Sie wachen auch im Zwölffingerdarm noch einmal darüber, daß wirklich alle Stärkemoleküle schon zerlegt wurden.

Saccharase zersetzt Saccharose und gehört damit zu den kohlehydratzersetzenden Enzymen. Ohne diesen Hilfsstoff könnte der menschliche Körper mit dem sogenannten weißen Zucker überhaupt nichts anfangen. Erst durch dieses Enzym wird daraus verdaulicher Trauben- und Fruchtzucker.

Darüber hinaus finden sich im Honig noch: ein Gallenwirkstoff, ein Östrogenstoff und mehrere antibiotische, also keimzersetzende Stoffe, die unter dem Oberbegriff Inhibine zusammengefaßt sind.

Säuren und Eiweiße gehören außerdem zu den Bestandteilen des Bienensaftes, die unserem Organismus gut tun. Gebildet wird das Eiweiß aus Aminosäuren. Hauptsächlich handelt es sich dabei um Zystein, Histidin, Phenylalanin, Arginin, Lysin und Glutaminsäure. Zwar kommen diese Eiweiße nur in geringen Spuren im Honig vor, doch sind sie für seinen Heilerfolg von großer Bedeutung.

Unter den Säuren, die den Geruch und den Geschmack von Honig bestimmen, fanden Wissenschaftler: Ameisensäure, Bernsteinsäure, Buttersäure, Essigsäure, Milchsäure, Salzsäure, Sucinsäure und Zitronensäure.

## 2. Gesunde Rezepte mit dem Bienensaft

Niemals darf Honig über 40 Grad erhitzt werden, wenn man ihn für die Gesundheit einsetzen will, denn dadurch wird er steril. Das heißt grundsätzlich: Wenn Sie Honig einem heißen Getränk oder Gericht zufügen, sollten Sie dieses erst auf ca. 40 Grad abkühlen.

Das gilt auch für das bekannteste Rezept: heiße Milch mit Honig. 200 bis 250 ml Milch wird erwärmt und nicht gekocht (es dauert sonst zu lange, bis sie abkühlt). Wenn sie trinkwarm ist, werden ein bis zwei Teelöffel Honig untergerührt. Auf diese Weise wird nicht nur das beste im Honig erhalten, sondern auch die gesunden Wirkstoffe der Milch nicht herausgekocht.

### Fenchel-Honigmilch

Natürlich ist auch schon warme Milch mit Honig gesund. Aber noch intensiver wirkt dieses Rezept: Drei Teelöffel Fenchelsamen mit einem Viertel Liter Milch aufkochen, abseihen, abkühlen lassen und dann einen Eßlöffel Honig hinzufügen. In kleinen Schlucken trinken.

## Vitamin-Bombe

Flieder- bzw. Holunderbeersaft mit einem Tee- oder Eßlöffel Honig gesüßt, ist eine wahre Vitamin-C-Bombe. Das puscht das Immunsystem. Zusätzlich wirkt auch der Honig antibiotisch und beruhigend.

## Honig-Zitronengel

Jeweils einen Eßlöffel Honig, frischen Zitronensaft und Glyzerin mischen und davon bei Bedarf einen Teelöffel einnehmen. Dieses Gel wirkt husten- und schleimlösend.

## Honigtees

Natürlich kann man sich auch an Mineralwasser halten, aber warum nicht zwei Fliegen mit einer Klappe schlagen? Also Tee trinken und damit bei der Flüssigkeitsaufnahme gleich Gesundheit tanken – zum Beispiel mit Fencheltee. Dafür wird ein Eßlöffel Fenchelsamen mit einer großen Tasse kochendem Wasser überbrüht und nach zehn Minuten Ziehen abgeseiht (zwei bis sechs Mal täglich trinken). Nach dem Abkühlen wird mit einem Teelöffel Honig pro Tasse gesüßt.

# X. Was Pfarrer Kneipp gegen Erkältungen empfahl

Fast jeder kennt den berühmten Pfarrer Sebastian Kneipp aus Stefansried, und so mancher bekommt bei Nennung seines Namens gleich das große Frösteln. Denn kaltes Wasser spielt die Hauptrolle bei einer Kneippkur oder Kneippschen Anwendungen – zusammen mit Bewegung und Wärme. Der Wechsel zwischen warm und kalt übt so ungeheuer starke Reize auf den gesamten Organismus aus, daß damit viele Beschwerden geheilt werden können. Das Schöne an den Kneippschen Behandlungen: Man kann sie selbst auch zu Hause anwenden – wenn auch stets in Absprache mit einem Arzt. Denn die Wasserreize sind mächtig und können auch zu Unwohlsein führen, wenn man sie nicht richtig nutzt.

Als Pfarrer Kneipp vor über 150 Jahren begann, die Wassertherapie systematisch zu erforschen, wurde er noch vielfach belächelt. So wie auch heute noch mancher den Kneippschen Lehren, die zusammen mit Kräuterbädern, Trockenbürsten, Wickeln und einer vollwertigen Ernährung eine ganzheitliche, natürliche Medizin darstellen, skeptisch gegenübersteht. Doch inzwischen hat die moderne Wissenschaft mit ihren Möglichkeiten zur Untersuchung selbst der kleinsten Abwehrzellen und ihrer Funktionen bestätigt, was Pfarrer Kneipp aufgrund seiner Erfahrungen mit den verschiedensten Mitteln seiner Therapie bis zum kalten Vollbad verkünden konnte:

Die spezielle Nutzung kalten Wassers ist eine der besten und billigsten Behandlungen zur Stärkung des Immunsystems, schlicht beschrieben mit »abhärten«. Und das nicht nur gegen Husten und Schnupfen, sondern auch gegen ernsthaftere Erkrankungen.

Schon die regelmäßige kurze kalte Dusche am Morgen kann wahre Wunder bewirken. Die Belohnung fürs große Zittern: Der Kältereiz kurbelt nicht nur den Kreislauf an, sondern macht auch die Abwehrzellen – auch die Haut gehört als Organ mit zu unserem Immunsystem – munter. Auch die inneren Organe werden durch die Reizung bestimmter Hautpunkte – wie auch bei der Akupunktur – besser durchblutet und sorgen dann für einen besseren Stoffwechsel zur Entgiftung des Körpers.

Die moderne Wissenschaft bestätigt die positive Wirkung von Kältereizen nach der alten Erfahrungslehre von Pfarrer Kneipp auf das Immunsystem.

Die bessere Durchblutung bewirkt aber noch mehr: Über den Wärmeeffekt wird das sogenannte vegetative Nervensystem (vom Willen normalerweise nicht beeinflußbar) angeregt oder ausgleichend beeinflußt. Dieses System steuert aber auch unsere körpereigene Abwehr, die dadurch ebenfalls gestärkt oder, bei Unregelmäßigkeiten, wie sie vielfach auftreten, wieder ins rechte Lot gebracht wird. Natürlich werden auch die Schleimhäute in Nase, Rachenraum und Darm besser durchblutet und können damit ihre Aufgabe, als erste Front gegen eindringende Viren, Bakterien und Pilze zu dienen, besser erfüllen.

Noch stärker als eine kalte Dusche wirkt nach neuesten Untersuchungen britischer Wissenschaftler ein kaltes Vollbad.
Sie stellten fest: Kalte Bäder mit 15 Grad Wassertemperatur (thermoregulierende Hydrotherapie nennt man das heute) von wenigen Minuten Dauer (so lange man es aushält) steigern die Bildung von Enzymen im Blut und erhöhen die Zahl der weißen Blutkörperchen (Leukozyten), die sich besonders der krankmachenden Viren im Körper annehmen. Grundsätzlich gilt auch für diese »Roßkur« wie für alle Kneipp-Anwendungen: Immer vorher mit dem Arzt sprechen!

## 1. Die wichtigsten Regeln für Wasseranwendungen

- Den Körper allmählich ans kalte Wasser gewöhnen. Mit kurzen, nicht so kalten Anwendungen beginnen, dann nach und nach die Wassertemperatur so wählen, daß man sich gerade noch wohlfühlt. Zwar gilt letztlich »je kälter, desto besser«, doch sollte man hierbei auch seinem Instinkt vertrauen, notfalls etwas lauer kneippen.
- Die Raumtemperatur so wählen, daß man keinesfalls auskühlen kann. Mindestens 20 Grad sollten es schon sein.
- Nie kaltes Wasser (kalte Anwendung) auf kalte Haut. Kalte Duschen, Güsse oder gar ein Vollbad nur nach genügender vorheriger Erwärmung durch Bewegung, warmes Wasser (Wechseldusche) nehmen.
- Regelmäßig kneippen! Am besten täglich zum Beispiel mit kur-

zen Anwendungen, einmal wöchentlich mit speziellen Kräuterbädern. Auch trocken kneippen – z. B. Trockenbürsten am offenen Fenster, im Garten, wenn es draußen kalt und naß ist.

## 2. Die Kneippschen Anwendungen

Ein paar Vorschläge für Ihre tägliche Kneippkur, die jeweils nur wenige Minuten in Anspruch nehmen, Sie aber zu einem neuen Menschen machen können, weil sie den Körper entgiften, abhärten und kräftigen sowie den Kopf frei machen:

### Die Ganzwaschung

Nach dem Aufstehen kaltes Wasser in Waschbecken oder Schüssel füllen, eventuell mit einem Schuß Obstessig drin. Grobes Handtuch oder Leintuch ins Wasser tauchen und dann damit ohne Reiben zügig so abwaschen, daß nur ein feiner Wasserfilm auf der Haut bleibt. Diese Reihenfolge beim Waschen einhalten: Rechten Arm auf der Außenseite von der Hand zum Körper, dann Innenseite, ebenso den linken Arm. Es folgen Hals, Brust und Rumpf. Dann wie bei den Armen die Beine waschen, rechts beginnend. Zum Schluß Rücken und Fußsohlen. Anschließend ohne Abtrocknen wieder ins noch warme Bett und zehn Minuten ruhen oder Jogging-Anzug anziehen und Gymnastik machen, bis man trocken ist.

Wichtig: Die Ganzwaschung soll höchstens zwei Minuten dauern!

## Trockenbürsten

Nach der Ganzwaschung (kann auch ohne diese gemacht werden) den trockenen Körper (am besten an frischer Luft oder bei offenem Fenster) mit Badebürste (Naturborsten) oder Luffaschwamm (Luffahandschuh) mit langen Strichen immer zum Herzen hin bürsten. Reihenfolge: Rechtes Bein, rechter Arm, linkes Bein, linker Arm von Zehen bis zum Rumpf bürsten. Dann den Rücken (Bürste mit langem Stiel benutzen oder vom Partner machen lassen) von den Schultern zum Po, dann Bauch und Brust kreisend bürsten, ebenso um Bauchnabel und Brustwarzen. Zum Schluß die Seiten von der Hüfte zur Achsel. Ans Trockenbürsten die normale Morgentoilette anschließen.

Wichtig: Bei Krampfadern an den Beinen die Beine nicht bürsten!

## Wassertreten

Eine Kneipp-Anwendung für jeden Abend, die beruhigt, Streß abbaut, weniger anfällig für Infektionen macht, vegetative Störungen bessert und zu erholsamem Schlaf verhilft. Und so wird's gemacht: Badewanne oder anderes größeres Gefäß mit höchstens 18 Grad kaltem Wasser (Badethermometer!) so weit füllen, daß es gerade bis über die Waden reicht. Badewannenboden mit Noppen-Matte gegen Ausrutschen sichern. Nur mit warmen Beinen und Füßen »wie ein Storch im Salat« im Wasser auf der Stelle treten (ein Bein muß immer ganz aus dem Wasser gezogen sein!) oder besser hin- und hergehen – bis zu einer Minute lang. Sofort beenden, wenn Kältegefühl auftritt. Danach die Beine warm in eine Decke packen oder ins Bett gehen.

Statt Badewanne kann man auch einen Eimer nehmen (falls keine Wanne vorhanden ist oder zum Wassersparen). Dann vor den Eimer setzen und die Beine abwechselnd aus dem Wasser heben.

Wichtig: Wassertreten ist für Frauen während der Regel, bei Nieren- oder Blasenleiden oder Harnwegsinfekten nicht erlaubt!

# XI. Der gute, alte Wickel: Kälte und Wärme gegen Erkältung

Wieder ein Mittel aus Großmutters Zeiten, das aber sinn- und wirkungsvoll ist: Wickel. Es gibt sie in unterschiedlichen Anwendungsarten und -techniken – je nachdem, welche Wirkung beabsichtigt ist. Für Wickel werden – je nach Einsatzort – folgende Dinge benötigt:

- Halswickel: zwei Geschirrtücher, ein Wollschal
- Brustwickel: zwei Leinentücher (80 cm breit, 150 cm lang), eine Wolldecke (ca. 1 x 1,50 m)
- Wadenwickel: zwei Leinentücher (80 x 80 cm), Wolldecke zum Unterlegen

Wickel sollte grundsätzlich im Liegen angewendet werden, und der Patient sollte für die Dauer des Wickels keine anderen Aktivitäten planen, die ihn ablenken. Besser Augen schließen und entspannen. Wenn man darüber einschläft und vergißt, sich auszuwickeln, schadet das meistens nicht. Geht vom Wickel irgendeine Art von Mißempfinden oder Unwohlsein aus, sofort abbrechen!

**Wadenwickel**

Das beste Mittel der Wahl gegen Fieber sind Wadenwickel. Dazu wird eine Schüssel mit etwa 30 bis 33 Grad warmem Wasser aufgestellt und zwei Tücher (z. B. Baumwoll-Babywindeln, Geschirrtücher) darin eingeweicht. Diese dann gut auswringen und um beide Waden schlingen. Darüber kommt ein trockenes Tuch, das die feuchten überdeckt. Ein dickes Handtuch oder ein Reiseplaid unter den Füßen schützt das Bett vor Feuchtigkeit. Diese Wickel werden alle halbe Stunde erneuert. Bitte das Wasser auf lauwarmer Temperatur halten. Keinesfalls kaltes Wasser benutzen. Erstens verschließt das die Blutgefäße unter der Haut, die – wären sie geöffnet – das Fieber senken könnten, und zweitens wäre der Schock der Kälte für den fiebernden Patienten zu unangenehm. Das Fieber sollte in so einer Prozedur um höchstens ein Grad nach unten getrieben werden. Dann muß erst mal Schluß sein.

**Senfmehl-Brustwickel**

Der Senfmehl-Brustwickel ist bei starkem Husten und Bronchitis die vernünftigste Lösung: Dazu werden zwei bis vier gehäufte Eßlöffel Senfmehl (aus der Apotheke oder dem Reformhaus) auf einen Liter kaltes Wasser gegeben. Dann gut quellen lassen. Danach mit kochendem Wasser aufgießen, bis ein Brei von ungefähr 40 bis 50 Grad Temperatur entsteht. Man braucht für diesen Wickel normalerweise einen Helfer, der einen gut einwickelt. Brustwarzen und Achselhöhlen sollen nämlich am besten mit Mull-pads abgedeckt werden, und das schafft man kaum allein. Auf das Bett wird eine der Länge nach gefaltete Wolldecke gegeben. Darauf wird das trockene Leinentuch plaziert. Der Kranke wird dann mit dem Leinentuch umwickelt, in das vorher der Brei in einer dicken Schicht verteilt wurde. Dann legt er sich auf die vorbereiteten Tücher, die (zuerst das Leinentuch) nacheinander um ihn gewickelt werden. Der Patient wird zugedeckt. Die Decke reicht bis zu den Achselhöhlen, die Arme sollten unter der Decke bleiben. Der Wickel sollte nach 15 bis 20 Minuten (bevor die Haut stark gerötet ist) entfernt werden. Danach werden die Reste des Breis warm abgewaschen.

**Halswickel**

Halswickel sollten grundsätzlich kalt und nicht warm verabreicht werden. Bei einem entzündlichen Prozeß an den Mandeln könnte Wärme sogar richtig schädlich sein. Hilfreich bei Halsschmerzen: Zwiebeln grob gehackt in einen Wickel geben. Diese wirken entzündungshemmend. Noch stärker kühlend wirkt Essigwasser (einen Schuß Obstessig auf einen Liter kaltes Wasser geben). Die Wickel sollten alle halbe Stunde gewechselt werden. Gewickelt wird wie üblich: Erst das feuchte Tuch, dann das trockene (überlappend), zuletzt der Schal.

# XII. Homöopathie: Pillen, Tropfen und Globuli

## 1. Gleiches mit Gleichem heilen

»Durch Gleichartiges wird Krankheit hervorgerufen, und durch die Anwendung von Gleichem wird sie geheilt.« Ins Leben gerufen wurde die Homöopathie vor rund 200 Jahren von einem deutschen Arzt namens Samuel Hahnemann (1755–1843). Er hatte die erstaunliche Entdeckung gemacht: Wenn ein Malariakranker die Rinde des Chininbaums kaut, wird er von der Krankheit geheilt. Wenn ein Gesunder dieselbe Rinde kaut, stellen sich bei ihm Anzeichen von Malaria ein.
Hahnemann besaß einen ausgeprägten Forschergeist, der ihn nach dieser Entdeckung nicht ruhen ließ. Er begann, auf ähnliche Weise eine ganze Reihe von Substanzen zu prüfen, die damals als Medikamente eingesetzt wurden: Er ließ gesunde Menschen kleine Mengen einzelner Substanzen einnehmen und beobachtete aufmerksam, welche Wirkungen sie hervorriefen. Dann suchte er nach einer Krankheit, zu der diese Symptome »paßten« – die also die gleichen Anzeichen verursachte. Und siehe da, seine Vermutung bestätigte sich: Die Krankheit, die solche Symptome hervorrief, konnte meistens mit dieser Substanz gut behandelt werden.
Was sollte das bedeuten? Hahnemann fand für diese so paradox anmutende Wirkung eine Erklärung: Die Symptome einer Krankheit

sind keine Eigenschaft dieser Krankheit. Im Gegenteil, sie sind eine Eigenschaft des Körpers und Anzeichen dafür, daß der Körper mit dieser Krankheit kämpft. Daraus schloß Hahnemann, daß es möglich sein müßte, die körpereigene Abwehrkraft dadurch zu stärken, daß man eben jene Anzeichen unterstützt – dem Kranken also solche Substanzen verabreicht, die normalerweise diese Symptome verursachen.

Aus der Sicht der modernen Homöopathie sind Krankheitsanzeichen keine lästigen oder gefährlichen »Begleitumstände« einer Krankheit. Sie sind vielmehr wichtige »Boten«, die über die Art der Erkrankung Aufschluß geben. Deshalb sollten Anzeichen einer Krankheit nicht bekämpft, sondern gründlich studiert werden.

## 2. Mit Homöopathie gegen Erkältung

Wie bereits erwähnt wurde, ist Echinacea auch in der Homöopathie sehr beliebt. Als Urtinktur angewendet, werden fünf bis zehn Tropfen auf einen Eßlöffel Wasser gegeben und dreimal täglich nach den Mahlzeiten langsam eingenommen. Dies ist die Grundbehandlung für jede Erkältungskrankheit. Sie kann auch über mehrere Wochen prophylaktisch erfolgen. Im weiteren werden Tabletten (eine Gabe entspricht einer Tablette), Globuli (fünf pro Gabe) oder Verreibungen (eine Messerspitze pro Dosis) benutzt. Zunächst können diese Mittel alle ein bis zwei Stunden, bis zu achtmal täglich, genommen werden, später ungefähr dreimal täglich.
Die Zahl hinter den Medikamenten bezeichnet die jeweilige Poten-

zierung (Verdünnung) des Stoffes und muß beim Apotheker angegeben werden.

**Husten mit Auswurf, Bronchitis**

- Ipecacuanha D 3, Rumex crispus D 1
- bei reichlichem Auswurf: Ammonium jodatum oder muriaticum D 2 – D 4, Sticta pulmonaria D 4, Tartaricus emeticus D 4 – D 6, Bryonia D 3

**Erkältung**

- Zusätzlich zu Echinacea kann Eupatorium D 4 angewendet werden.

**Schnupfen**

- Allium cepa D 3, kombiniert mit Eupatorium D 2 oder Euphorbium D 3 – D 6, alle ein bis zwei Stunden einnehmen.

**Nasennebenhöhlenentzündung**

- Hepar sulfuris D 3 – D 6 oder Kalium bichromicum D 6, beides ergänzt durch Silicea D 12

**Nasenpolypen**

- Teucrium marum verum D 1/D 2 zweimal täglich fünf Tropfen
- Asa foetida D 3, Kalium bichromicum D 3/D 4, Silicea D 12

**Halsschmerzen**

- Apis mellifica D 3, Mercurius corrosivus D 6, Ammonium bromatum D 3

**Heiserkeit**

- Arnica D 3 – D 10 und Arum triphyllum D 3 – D 6
- bei stärkeren Entzündungserscheinungen des Kehlkopfes: Aconitum D 3/D 4, Hepar sulfuris D 3, Tartaricus emeticus D 4 – D 6, Mercurius solubilis D 4
- bei chronischen Beschwerden: Phosphorus D 30

**Mandelentzündung**

- Apis mellifica D 3 – D 6, Hepar sulfuris D 3 – 6, Gelsenium D 3, Mercurius solubilis D 4 – D 6, Phytolacca D 3 – D 6

# XIII. Die richtige Ernährung bei Erkältung

Die beste Art, einer Erkältung vorzubeugen oder sie niederzuschlagen, ist eine vernünftige, vitaminreiche Ernährung. Wichtig sind alle Vitalstoffe, auch Mineralien und Spurenelemente, für ein gesundes Immunsystem. Eine Substanz möchten wir hier aber speziell hervorheben, denn sie spielt gerade bei Erkältungskrankheiten eine wichtige Rolle: Vitamin C (Ascorbinsäure).

Dieses Vitamin wurde von amerikanischen Wissenschaftlern schon in den 50er Jahren als »Superantibiotikum« bezeichnet. Tatsächlich ist es eine derart starke Waffe gegen Krankheitserreger jeder Art, daß es selbst die klassischen Antibiotika in den Schatten stellt. Diese Medikamente sind zwar hochwirksam und in vielen Fällen lebensrettend, doch sie helfen nur gegen bakterielle Infektionen – also nur bei Krankheiten, die von Bakterien oder ihren Giftstoffen hervorgerufen wurden. Gegen eine Virusinfektion, wie es die meisten Erkältungen sind, vermögen auch die wirksamsten Antibiotika nichts auszurichten: So sind sie z. B. schon bei der leichtesten Virusgrippe wirkungslos (lediglich bei Komplikationen, die von Bakterien verursacht werden, setzen die Ärzte dann manchmal auch bei Grippe Antibiotika ein).

Der Ernährungswissenschaftler Lothar Burgerstein berichtet über zahlreiche, bestens dokumentierte Heilerfolge mit großen Mengen von Vitamin C: Dieses Vitamin sei bei Mumps, Masern, Lungenentzündungen, ja sogar bei schweren Hirnhautentzündungen eine wertvolle Hilfe. Allerdings brauche der Organismus, der sich gegen eine schwere Infektion wehren müsse, wahre Megadosen von Vitamin C: Burgerstein empfiehlt Mengen in der Größenordnung von 20 bis 200 Gramm Ascorbinsäure pro Tag – jeweils in viele kleine Einzeldosen alle paar Stunden aufgeteilt.

*Achtung, neue Risiken bei Überdosierung*

Vitamin C sollte man – so neue Forschungsergebnisse – nicht unbesorgt in »rauhen Mengen« einnehmen. Es sammelt sich zwar nicht im Körper (nicht benötigtes Vitamin C wird also über den Urin ausgeschieden), aber nach ersten Ergebnissen einer Untersuchungsreihe kann es sein, daß Vitamin C in Megadosen das Erbmaterial des Menschen verändert. Ein Therapeut (Arzt oder Heilpraktiker) sollte deshalb das Risiko hoher Dosen gegen das Risiko einer sich ausbreitenden Infektion abwägen. Selbstmedikation scheint in diesem Bereich gefährlicher zu sein, als man bisher annahm.

Wer sein Immunsystem wirksam unterstützen will, kann dies bei Vitamin C leicht auch ohne Tabletten erreichen: Vitamin C ist in vielen Nahrungsmitteln enthalten – nicht nur in den importierten Zitrusfrüchten. Auch heimische Obst- und Gemüsesorten sind hervorragende Lieferanten von Vitamin C – so zum Beispiel Hagebutten oder Sauerkraut.

## 1. Obst, Säfte und Salate – die besten Lebensmittel fürs Immunsystem

Ernährungswissenschaftler empfehlen mindestens drei, noch lieber fünf Portionen Obst, über den Tag verteilt. Anfangen soll man damit am besten schon vor dem Frühstück, weil die Vitamine und Fruchtsäuren den Stoffwechsel antreiben und damit die Verwertung der Nahrung über den Tag verbessern. Das Obst sollte möglichst roh und unbehandelt verwendet werden. Eingekochtes Obst hat nur noch Süßigkeitenwert, und auch fertige Säfte sind kein Obstersatz. Ausnahme: Wer sich seinen Saft aus frischen Zutaten selber preßt und ihn dann auch noch ganz frisch trinkt, tut auf diese Weise auch etwas für seine Abwehrkräfte. Denn so bleiben die Vitamine im Obst erhalten. Es sollte übrigens immer nur ein Glas Saft hergestellt werden, denn beim Herumstehen (auch im Kühlschrank) gehen viele Vitamine verloren. Fruchtsorten, die besonders gesund für den Körper und das Immunsystem sind:

| **Frucht** | **Wirkungsweise** |
|---|---|
| Ananas | Ananas gehört zu den stärksten Fettverbrennern, sie enthält Bromelain, das das Nahrungseiweiß besser aufspaltet und so beim Abnehmen hilft. |
| Apfel | Der Apfel gilt als Entgifter, denn sein Inhaltsstoff Pektin räumt Magen und Darm auf und senkt die Blutfettwerte. |
| Aprikose | Aprikosen stärken die Abwehrkräfte und die Leberfunktion. |

| Frucht | Wirkungsweise |
|---|---|
| Banane | Banane hilft bei Magen- und Darmproblemen, eine Bananenkur kann die Heilung von Magengeschwüren und Darmerkrankungen unterstützen. |
| Birne | In der Birne stecken Phosphor und Kieselsäure, sie sind gut für die Nerven. |
| Blaubeere | Hilft bei Darmerkrankungen und Durchfall, tötet Bakterien und trägt zur Entgiftung des Körpers bei. |
| Brombeere | Die Brombeere hat einen hohen Magnesiumgehalt, das stärkt Herz und Nerven. |
| Feigen | Feigen stärken die natürlichen Abwehrkräfte des Körpers, sollten vor allem während und kurz nach Infekten verstärkt verzehrt werden. |
| Himbeere | Sie hat ähnlich wie die Brombeere einen hohen Anteil an Magnesium, das ist gut bei Streß, stärkt Herz und Nerven. |
| Honigmelone | Die Honigmelone hat eine entwässernde Wirkung und reinigt die Nieren. In einer Entschlackungs-Safttherapie darf sie auf keinen Fall fehlen. |
| Johannisbeere | Johannisbeere enthält sehr viel Vitamin C und ist daher fördernd für unser Immunsystem. |
| Kiwi | Auch Kiwis sind kleine Vitamin-C-Bomben. Ihr weiterer Vorteil: Sie stoppen Heißhunger und fördern die Verdauung. |

| Frucht | Wirkungsweise |
|---|---|
| Mandarine | Mandarinen sind reine Fitmacher, sie besitzen wichtige Mineralien und B-Vitamine. |
| Mango | Mangos enthalten mehr Karotin als Karotten, darin steckt Vitamin A, das wichtig ist für unsere Knochen, Zähne, Augen, Blut und fürs Immunsystem. |
| Orangen | Orangen enthalten viel Bioflavonoide, das kräftigt das Bindegewebe, dadurch bleibt die Haut straff und länger jung. |
| Papaya | Papaya ist besonders enzymreich, sehr kalorienarm, fördert Verdauung und Fettverbrennung, entschlackt und entgiftet. Ihr Fruchtfleisch und ihr Saft sind für unseren Körper eine große Hilfe. Bereits zum Frühstück sollte man eine Papaya zu sich nehmen. |
| Pfirsich | Sehr zinkhaltig, Zink benötigen wir u.a. für unser Immunsystem, den Geschmacks- und Geruchssinn, Wundheilung und Blutgerinnung. |
| Pflaume | Pflaumen sind eine Hilfe bei Darmträgheit, dafür sorgen ihre Inhaltsstoffe Kalium und Natrium. |
| Zitrone | Zitronen sind ein Hauptlieferant von Vitamin C. Und das ist vor allem wichtig für unser Immunsystem und unsere Psyche. |

Gemüse ist nicht weniger wichtig für das Immunsystem als Obst. Denn hieraus zieht der Körper die meisten lebensnotwendigen Mineralstoffe und Spurenelemente. Gerade im Frühjahr und Herbst, wenn die Erkältungswelle rollt, sollten frische Salate und reichlich Gemüse (bitte nur kurz in kochendem Wasser garen und nicht zerkochen) auf allen Speiseplänen stehen.
Wer sich schlecht fühlt, hat meistens auch keine Lust aufs Essen. Das ist an sich auch kein Problem, denn der menschliche Organismus kann ein paar Tage ohne Nahrung auskommen. Was er aber gerade in Erkältungszeiten lebensnotwendig braucht, sind Vitalstoffe. Schlimmstenfalls müßten diese über Tabletten zugeführt werden. Aber auch frischgepreßte oder schonend behandelte Obstsäfte aus dem Reformhaus, sowie Suppen und Salate mit viel Gemüse helfen hier weiter.
Ebenso wichtig wie die Vitalstoffe ist eine ständige Flüssigkeitszufuhr. Zwei bis drei Liter pro Tag wären ideal. Mit Mineralwasser verdünnte frischgepreßte Obst- und Gemüsesäfte, Mineralwasser und Kräutertees sind ideal, um den Körper aufzubauen. Nehmen Sie das Trinken wirklich wichtig, denn ohne eine vernünftige Flüssigkeitszufuhr hat Ihr Körper kaum eine Chance, mit der Infektion fertig zu werden.

## 2. Wenn Schlucken kaum noch geht – Rezepte für Halsschmerzen-Kranke

Spätestens, wenn der Hals nur noch weh tut, geht der Appetit flöten. Sinnvoll in diesem Zusammenhang ist ein Gericht, das alle

kennen, die ihre Mandeln schon bei einer Operation eingebüßt haben: Speiseeis. Die Kühlung des entzündeten Bereichs wirkt fast so gut wie eine lokale Betäubung durch Halsschmerztabletten.
Wenn der Hunger zurückkehrt, das Schlucken aber noch schwer fällt, gibt es einige Gerichte, die man jetzt ausprobieren kann. Ein Pürierstab oder eine Moulinette in der Küche sind bei den salzigen Gerichten von großem Nutzen. Gewürze sollten möglichst nur in geringen Mengen verwendet werden, denn erstens sind die Geschmacksnerven bei einer Erkältung nicht sehr empfänglich, die Gefahr des Überwürzens daher ziemlich groß, und zweitens reizen die Gewürze womöglich den wunden oder entzündeten Hals. Unsere Rezepte schmecken auch Gesunden und sind für vier Personen angelegt.

*Kartoffelpüree mit Blumenkohl und Rührei*

Zutaten
*1 Blumenkohl*
*600 g Kartoffeln*
*Butter*
*Milch*
*Rührei aus 8 Eiern*

Obwohl er nur kurz gekocht viel mehr Vitamine enthält, sollte man den ganzen Kopf Blumenkohl (ohne Strunk) in diesem Fall ruhig länger kochen lassen. In einem anderen Topf garen die Salzkartoffeln. Beides wird – wenn es gar ist – abgegossen und miteinander vermischt. Ein Stückchen Butter und etwas Milch helfen, aus dem

Gemüse mit dem Passierstab eine homogene Massen zu machen. Dazu wird Rührei gereicht.

*Kartoffeln mit Birnen*

Zutaten
*5–6 Birnen*
*600 g Kartoffeln*
*2 EL Zucker*
*200 ml Wasser*
*Pfeffer*
*Salz*
*250 g süße Sahne*

Birnen schälen, achteln und vom Kerngehäuse befreien. Kartoffeln schälen, waschen, würfeln. In einer Pfanne wird der Zucker karamelisiert, die Birnen und Kartoffeln zugegeben und dann Wasser hinzugefügt. Pfeffer, Salz und süße Sahne dazugeben. Dann alles aufkochen und mit geringerer Temperatur weitere 20 Minuten garen lassen. Dann ist das Essen eigentlich schon weich genug, um es so essen zu können. Andernfalls noch mal pürieren.

*Grießflammerie*

Zutaten
*1 l Vollmilch*
*80 g Gries*
*1 Vanillestange*

*eine Prise Salz*
*125 g Zucker*
*3 Eigelb*
*3 Eiweiß*

Dies Gericht kann man kalt (z. B. mit Sauerkirsch-Kompott oder Apfelmus) oder warm genießen. Zu der Vollmilch wird das Innere einer ausgekratzten Vanillestange, der Grieß, eine Prise Salz und der Zucker (nach Geschmack auch ein wenig mehr als angeführt) gegeben. Alles zusammen kurz aufkochen und danach 10 bis 15 Minuten bei geringer Hitze ziehen lassen (ständig rühren!). Dann den Topf vom Herd nehmen, bis der Grieß nach drei bis fünf Minuten etwas ausgekühlt ist. Drei vermengte Eigelb zu der Masse geben. Dann die drei Eiweiße steif schlagen und vorsichtig unterrühren.

## 3. Süppchen statt Brot – Rezepte für gesunde Schlürfereien

Als Beispiele bringen wir hier zwei Rezepte für gesunde, den Körper aber wenig belastende Suppen. Die erste ist ideal für Erkältungskranke. Die zweite ist schnell gemacht, gesund, vitaminreich und schweißtreibend wie alle Suppen, was gerade bei Erkältungen für den Körper von Vorteil ist.

*Hühnerbrühe*

Zutaten
*1,5 kg Suppenhuhn*
*Wasser*
*200 g Suppengrün*
*1 Zwiebel*
*je nach Geschmack: Salz, roter Chili, schwarzer Pfeffer, Knoblauch*

Das Suppenhuhn in 12 Teile schneiden und Stück für Stück abbrausen. Die Hühnerteile werden dann in einen breiten, halbhohen Topf geschichtet. Anschließend wird soviel kaltes Wasser hinzugefügt, daß das Fleisch knapp bedeckt ist. Nun den Topf auf den Herd stellen, alles aufkochen, dann die Herdplatte so herunterdrehen, daß die Brühe köchelt. Während des Köchelns den Schaum immer wieder abschöpfen und eine frische Tasse Wasser dazugießen. Wieder aufkochen, wieder abschöpfen und wieder auffüllen. Nach einer Stunde wird dann das grob geschnittenes Suppengrün (Karotten, Knollensellerie, Porree und Petersilienwurzel) hinzugefügt. Wer eine schön goldgelbe Brühe bevorzugt, gibt jetzt auch noch eine Zwiebel mitsamt ihrer braunen Schale dazu. Nach einer weiteren Stunde wird die Brühe über ein Sieb in einen anderen Topf gegossen und dann nach Geschmack noch mit Salz (Vorsicht bei Schnupfen: Sie versalzen die Brühe wahrscheinlich!), rotem Chili, schwarzem Pfeffer oder frischem Knoblauch abgeschmeckt. Die letzten drei Gewürze sind – nochmals medizinisch gesehen – fürs Immunsystem wirksam. Täglich mehrere Tassen dieser Brühe sind gesund und helfen gegen Erkältungen.

*Gemüsesuppe*

Die Zutaten können Sie je nach Appetit wechseln, die Zubereitung der Suppe bleibt jedoch gleich. Nehmen Sie für vier Portionen immer einen Liter Wasser, den Sie mit etwas Gemüsebrühe-Konzentrat (Brühwürfel oder im Glas) zum Kochen bringen.

Nehmen Sie entweder:

*4 mittelgroße Kartoffeln, 2 große Karotten, eine halbe Stange Lauch, eine halbe Knolle Sellerie, 200 g Brokkoli*

*oder*

*250 g Karotten, 100 g Rosenkohl, eine halbe Stange Lauch, eine halbe Knolle Sellerie*

*oder*

*250 g Sellerieknolle, 150 g Spargel, eine halbe Stange Lauch, 2 kleine Karotten*

*oder*

*500 g Tomaten, eine halbe Knolle Sellerie, eine halbe Stange Lauch, 100 g Zucchinis, 100 g Paprika, 100g Auberginen und 2 kleine Karotten*

Die Gewürze können Sie je nach persönlichem Geschmack variieren. Zur Auswahl stehen:

- 2 Teelöffel Basilikum
- 2-4 Teelöffel frischgehackte Petersilie
- Muskatnuß
- Jodsalz (sparsam)
- Kümmel
- Dill

- Pfeffer
- Oregano
- Majoran
- Kümmel

Verwenden Sie Kartoffeln und Gemüse gut gewaschen, aber soweit es geht ungeschält. Schneiden Sie alles klein und lassen Sie es in der kochenden Gemüsebrühe gar kochen. Anschließend wird die Suppe für Kranke mit Halsschmerzen durch ein Sieb gestrichen oder mit dem Passierstab püriert und mit den Gewürzen abgeschmeckt. Wer gut schlucken kann, sollte die Suppe so lassen. Über jede Portion streuen Sie zum Schluß eventuell noch zwei Teelöffel Hefeflocken. Auch die Petersilie oder andere frische Kräuter werden erst dann hinzugegeben.